ANDRZEJ MOSZCZYŃSKI jest autorem 23 książek, 34 wykładów oraz 3 kursów. Pasjonuje go zdobywanie wiedzy z obszaru psychologii osobowości i psychologii pozytywnej.
Ponad 700 razy wystąpił jako prelegent podczas seminariów, konferencji czy kongresów mających charakter społeczny i charytatywny.

Regularnie się dokształca i korzysta ze szkoleń takich organizacji edukacyjnych jak: Harvard Business Review, Ernst & Young, Gallup Institute, PwC.

Jego zainteresowania obejmują następujące tematy: potencjał człowieka, poczucie własnej wartości, szczęście, kluczowe cechy osobowości, w tym między innymi odwaga, wytrwałość, wnikliwość, entuzjazm, wiara w siebie, realizm. Obszar jego zainteresowań stanowią również umiejętności wspierające bycie zadowolonym człowiekiem, między innymi: uczenie się, wyznaczanie celów, planowanie, asertywność, podejmowanie decyzji, inicjatywa, priorytety. Zajmuje się też czynnikami wpływającymi na dobre relacje między ludźmi (należą do nich np. miłość, motywacja, pozytywna postawa, wewnętrzny spokój, zaufanie, mądrość).

Od ponad 30 lat jest przedsiębiorcą. W latach dziewięćdziesiątych był przez dziesięć lat prezesem spółki działającej w branży reklamowej i obejmującej zasięgiem cały kraj. Od 2005 r. do 2015 r. był prezesem spółki inwestycyjnej, która komercjalizowała biurowce, hotele, osiedla mieszkaniowe, galerie handlowe.

W latach 2009-2018 był akcjonariuszem strategicznym oraz przewodniczącym rady nadzorczej fabryki urządzeń okrętowych Expom SA. W 2014 r. utworzył w USA spółkę wydawniczą. Od 2019 r. skupia się przede wszystkim na jej rozwoju.

Inaczej o dobrym i mądrym życiu to książka o umiejętności stosowania strategii osiągania wartościowych celów. Autor opisuje 22 aspekty, które prowadzą do bycia mądrym. W jakim znaczeniu mądrym?

Mądry człowiek jest skupiony na działaniu ukierunkowanym na podnoszenie jakości życia, zarówno swojego, jak i innych. O tym jest ta książka: o byciu szczęśliwym, o poznaniu siebie, by zajmować się tym, w czym mamy największy potencjał, o rozwinięciu poczucia własnej wartości, które jest podstawowym czynnikiem utrzymywania dobrych relacji z samym sobą i innymi ludźmi, o byciu odważnym, wytrwałym, wnikliwym, entuzjastycznym, posiadającym optymalną wiarę w siebie, a także o byciu realistą.

Mądrość to umiejętność czynienia tego, co szlachetne. Z takiego podejścia rodzą się następujące czyny: nie osądzamy, jesteśmy tolerancyjni, życzliwi, pokorni, skromni, umiejący przebaczać. Mądry człowiek to osoba asertywna, wyznaczająca sobie pozytywne cele, ustalająca priorytety, planująca swoje działania, podejmująca decyzje i przyjmująca za nie odpowiedzialność. Mądrość to też zaufanie do siebie i innych, bycie zmotywowanym i posiadającym jasne wartości nadrzędne (do których najczęściej należą: miłość, szczęście, dobro, prawda, wolność).

Autor książki opisuje proces budowania mentalności bycia mądrym. Wszechobecna indoktrynacja jest przeszkodą na tej drodze. Jeśli jakaś grupa nie uczy tolerancji, przekazuje fałszywy obraz bycia zadowolonym człowiekiem, to czy można mówić o uczeniu się mądrości? Zdaniem autora potrzebujemy mądrości niemal jak powietrza czy czystej wody. W tej książce będziesz wielokrotnie zachęcany do bycia mądrym, co w rezultacie prowadzi też do bycia szczęśliwym i spełnionym.

Szczegóły dostępne na stronie:
www.andrewmoszczynski.com

Andrzej Moszczyński

Inaczej
o entuzjazmie

2021

© Andrzej Moszczyński, 2021

Korekta oraz skład i łamanie:
Wydawnictwo Online
www.wydawnictwo-online.pl

Projekt okładki:
Mateusz Rossowiecki

Wydanie I

ISBN 978-83-65873-52-1

Wydawca:

ANDREW MOSZCZYNSKI
I N S T I T U T E

Andrew Moszczynski Institute LLC
1521 Concord Pike STE 303
Wilmington, DE 19803, USA
www.andrewmoszczynski.com

Licencja na Polskę:
Andrew Moszczynski Group sp. z o.o.
ul. Grunwaldzka 472
80-309 Gdańsk
www.andrewmoszczynskigroup.com

Licencję wyłączną na Polskę ma Andrew Moszczynski Group sp. z o.o. Objęta jest nią cała działalność wydawnicza i szkoleniowa Andrew Moszczynski Institute. Bez pisemnego zezwolenia Andrew Moszczynski Group sp. z o.o. zabrania się kopiowania i rozpowszechniania w jakiejkolwiek formie tekstów, elementów graficznych, materiałów szkoleniowych oraz autorskich pomysłów sygnowanych znakiem firmowym Andrew Moszczynski Group.

Ukochanej Żonie
Marioli

SPIS TREŚCI

Wstęp	9
Rozdział 1. Co to jest entuzjazm?	1
Rozdział 2. Entuzjazm naturalny	15
Rozdział 3. Pierwszy krok do entuzjazmu	21
Rozdział 4. Jak rozwijać entuzjazm?	35
Rozdział 5. Jak sobie radzić z przeszkodami?	51
Rozdział 6. Jak utrzymać entuzjazm?	65
Rozdział 7. Entuzjazm w kierowaniu zespołem	69
Refleksje końcowe	71
Co możesz zapamiętać? ☺	75
Bibliografia	77
O autorze	93

Opinie o książce	99
Dodatek. Cytaty, które pomagały autorowi napisać tę książkę	103

Wstęp

Wielu z nas lubi przeróżne poradniki. Podróżnicy, fotografowie, biegacze, ogrodnicy, kucharze pokazują nam swój świat, budząc w nas marzenia i tęsknotę za czymś, co wcześniej nawet nie leżało w kręgu naszych zainteresowań. Dlaczego im się to udaje? Co sprawia, że siedząc przed telewizorem, nabieramy ochoty do podróżowania, biegania, opiekowania się własnym kawałkiem ziemi, a nawet do gotowania, które wcześniej kojarzyło nam się wyłącznie ze stratą czasu? Przecież często osoby prowadzące takie programy nawet nie są zawodowcami! A jednak potrafią nas przekonać, że to, czym się zajmują, jest fascynujące i godne uwagi. Jak myślisz, czemu tak się dzieje? Otóż, w ich słowach jest mnóstwo **entuzjazmu**. Entuzjazm pojawia się, gdy jesteśmy autentycznie zainteresowani tym, co robimy, gdy sprawia nam to radość. Przy tym drugorzędną sprawą jest, czy zajęcie to należy do kategorii przydatnych lub koniecznych, czy też wykonujemy je wyłącznie dla przyjemności (zresztą te kategorie mogą się nakładać).

Rozdział 1

Co to jest entuzjazm?

Czy zastanawiałeś się kiedyś, co sprawia, że człowiekowi chce się chcieć? Rzadko o tym myślimy. Czegoś chcemy albo nie chcemy i już. Może jednak warto dowiedzieć się, skąd się bierze ta siła sprawcza? Gdzie leży pierwotne źródło naszej chęci, którą natychmiast chcemy przekuć w działanie? Co powoduje, że tak mocno pragniemy coś zrobić, iż nic nie jest w stanie nas powstrzymać? Tym czynnikiem jest właśnie entuzjazm.

Potrafimy go dostrzec u innych, częściej lub rzadziej sami go odczuwamy. Niełatwo sprecyzować to pojęcie. Słownikowa definicja mówi, że jest to stan uniesienia, radości, zachwytu, który można nazwać również innym słowem – zapał. Podaje też, że słowo to wywodzi się z greckiego éntheos, co oznacza „natchniony przez Boga". Wydaje się jednak, że definicja ta, choć jasna, jest zbyt lakoniczna i nie oddaje w pełni złożoności omawianego pojęcia. Bo przecież entuzjazm to istota życia.

Gdy jesteśmy szczęśliwi, w naturalny sposób stajemy się entuzjastyczni, bo tak podchodzimy do naszych zadań i marzeń. I odwrotnie – gdy działamy z entuzjazmem, czujemy się szczęśliwi i spełnieni. Przekonałem się o tym wielokrotnie.

Chciałbym zatem zaproponować inną definicję – szerszą, która obejmie więcej aspektów tego pojęcia. Proponuję więc, aby entuzjazm rozumieć jako pozytywną emocję, silną i skoncentrowaną, która inicjuje i przyspiesza działanie, a także zwiększa wiarę w osiągnięcie celu i łączy się z odczuwaniem szczęścia oraz radości życia.

Z entuzjazmem wiążą się takie pojęcia, jak: energia wewnętrzna, zaangażowanie, determinacja, motywacja, pasja.

Mimo tylu niewątpliwych korzyści, jakie wynikają z entuzjastycznego podejścia do życia, możemy zaobserwować różne reakcje ludzi na entuzjazm innych: pozytywne i negatywne. Niektórym wydaje się, że entuzjazm jest pochodną ignorancji i wynika z braku rozsądku i z nieodpowiedzialności. Wiele razy spotkałem się z takim podejściem. Zdarzyło mi się nawet słyszeć, że to niepotrzebna dziecinada, właściwa ludziom infantylnym. Człowiek, który oddaje się swojej pracy lub jakiemukolwiek innemu zajęciu z entuzjazmem, bywa odbierany jako nierozważny naiwniak, który podejmuje przypadkowe decyzje podpowiedziane przez emocje. To niesprawiedliwe skojarzenia. Entuzjazm bowiem jest efektem głębokiej wiary w słuszność wybranej drogi oraz przekonania, że będzie ona fascynującą życiową przygodą.

Negatywne nastawienie do entuzjazmu mają najczęściej ludzie, którzy rozwinęli w sobie nieładną cechę zazdroszczenia innym nie tylko tego, co zdobyli, lecz także podejścia do codzienności. Skąd to się bierze? Człowieka entuzjastycznego wyróżnia spośród innych zadowolenie z życia, promieniowanie radością.

Jest mu dobrze. Niektórych to dziwi, innych oburza i złości. Na szczęście wiele osób ocenia entuzjazm pozytywnie, patrzy na entuzjastów ze szczerym podziwem i naśladuje ich zachowanie, chcąc odczuwać to samo. Entuzjazm bowiem jest zaraźliwy. Czy zawsze? Tak dzieje się wtedy, gdy spełnione są dwa warunki. Po pierwsze powinien być szczery, a po drugie musimy być gotowi na jego przyjęcie.

Czy możemy wypracować gotowość do stania się człowiekiem entuzjastycznym? Wierzę że tak .

☼

Rozdział 2

Entuzjazm naturalny

Pokłady entuzjazmu są w każdym z nas. Mniejsze lub większe, niekiedy schowane głęboko w zakamarkach umysłu. Ten entuzjazm początkowy, po prostu istniejący, posiadamy wszyscy, jednak – podobnie jak wiele innych pożytecznych cech – w ciągu kilku pierwszych lat życia gdzieś go gubimy.

Zapał, przemożna chęć, by iść naprzód, w wieku dziecięcym łączy się z beztroską. U kilkulatka pragnienie zdobycia czegoś jest często tak ogromne, że nie widzi on niebezpieczeństw, nie przewiduje następstw, po prostu czegoś chce i z ogromnym zapałem, nie bacząc na nic, do tego dąży. Takich momentów ze swojego życia prawdopodobnie możesz przypomnieć sobie mnóstwo. Taką sytuację możesz też sobie wyobrazić. Pomyśl na przykład, że jesteś dziesięciolatkiem. Siedzisz z rodziną przy obiedzie. Nagle Twój tata mówi, że dziś możecie zbudować domek na drzewie. Marzyłeś o tym zawsze! Co robisz? Nawet nie jesteś w stanie dokończyć jedzenia swoich ulubionych naleśników z truskawkami. Już nie są ważne. Wybiegasz z domu, zanim posłuchasz dalszych objaśnień. Szukasz desek, wyciągasz narzędzia, które mogą być potrzebne. Chcesz jak najszybciej zacząć realizację zadania. Opanowuje Cię entuzjazm. Widzisz w marzeniach, jaki ten domek będzie wspaniały, najwspanialszy na świecie. Jak będzie można się w nim świetnie bawić! Cieszysz się jednak nie tylko z efektu, lecz także z dochodzenia do niego, z pracy, która Cię czeka. Czy to nie jest charakterystyczne dla dziecięcych działań? Coś jest do zrobienia? Podoba mi się? Więc zrobię to: teraz, zaraz, już!

Czy ta wizja sprawiła Ci przyjemność, czy raczej odczułeś konsternację? Z perspektywy osoby dorosłej szalony zapał może jawić się jako potencjalne zagrożenie. Domek na drzewie?

Owszem, brzmi ekscytująco, ale... To „ale" jest jednym z najczęstszych zabójców entuzjazmu. Stanowi w pewnym stopniu efekt naturalnego procesu wchodzenia w dorosłość. W którymś momencie trzeba stać się odpowiedzialnym, stawić czoła wielu problemom. W każdym kolejnym roku życia zdobywamy nowe doświadczenia. Zaczynamy pojmować, że nie wszystko przebiega tak, jak to sobie wyobrażamy. Przeżywamy porażki i bolesne rozczarowania. Jeśli nadamy im zbyt duże znaczenie, mogą stać się hamulcem skutecznie blokującym inicjatywę. To stopniowo zacznie niszczyć nasz dziecięcy entuzjazm i wyposażać nas w przeróżne „ale". Jak to może wyglądać w omawianym przykładzie? Dziecko zabiera się do pracy, a dorosły zaczyna tłamsić pozytywne emocje i kalkulować: „Czy warto? Może desek jest za mało? A może nie mamy tylu gwoździ? Chyba przydałaby się inna drabina" (wyższa, jeśli nasza jest niska, lub niższa, jeśli dysponujemy wysoką).

Długie rozważanie i niekończące się kalkulacje zabijają chęć, która zrodziła plan. Prowadzą do zniechęcenia i rezygnacji z realizacji pomysłu. Nawet dziecko ulega temu zniechęcającemu gadaniu i po jakimś czasie traci ochotę na działanie. Czuje się zawiedzione i rozczarowane. Na efekty nie trzeba długo czekać. Masowym zjawiskiem są młodzi ludzie, którym nic się nie chce, którzy w życiu głównie odczuwają nudę. Utracili czysty pierwotny entuzjazm, więc nie czują potrzeby działania, nie mają wystarczającej motywacji, nie potrafią skoncentrować się na żadnym zadaniu.

Warto, by rodzice (i kandydaci na rodziców) mieli tego świadomość i ostrożniej udzielali rad, które mogą prowadzić do zaniechania realizacji pomysłu powstałego w wyobraźni dziecka. Zniechęcanie do działania jest charakterystyczne dla rodziców nadmiernie opiekuńczych. Tak bardzo chcą oni uchronić dziecko przed bólem i rozczarowaniem, że zrobią wszystko, by ono nigdy tych przykrych uczuć nie doznało.

Jednocześnie należy się starać, by dojrzewający umysł nie tracił świeżości myślenia, entuzjazmu i optymizmu. To możliwe, jeśli będziemy nad dzieckiem mądrze rozpinać parasol ochronny zamiast zamykania go w więzieniu zbudowanym z naszych własnych lęków. Przede wszystkim zaś starajmy się wzbudzać w dzieciach radość z działania i sami w niej uczestniczmy.

Większość z nas już wyrosła z wieku dziecięcego. Czy to oznacza, że nie możemy wrócić do tamtego entuzjazmu? Możemy! Można go w sobie na nowo wzbudzić, niejako „przypomnieć" i użyć w dorosłym życiu, by uczynić je szczęśliwszym, łatwiejszym i ciekawszym. Czy ten entuzjazm będzie różnił się od dziecięcego? Tak, będzie mniej beztroski. Będzie dojrzały, oparty jednocześnie na zaangażowaniu i doświadczeniu. Będziemy zdawać sobie sprawę z możliwych konsekwencji tego, co robimy, ale nie zbudujemy z nich przeszkody nie do przejścia, która mogłaby zablokować nasze działania. Wraz z entuzjazmem wróci do nas to, co najważniejsze: spontaniczna radość.

☼

Rozdział 3

Pierwszy krok do entuzjazmu

Zatrzymajmy się na chwilę przy dziecięcym postrzeganiu świata. W zachowaniu dzieci najłatwiej dostrzec przejawy różnych cech, które z biegiem czasu w sobie tłumimy. W dzieciństwie spontaniczna radość i zapał nie są jeszcze skażone. Większość z nas miała okazję obserwować, jak dzieci słuchają czytanej im bajki lub jak przeżywają film opowiadający o odwiecznej walce dobra ze złem. Utożsamiają się z bohaterami, bo mają łatwość posługiwania się wyobraźnią. Razem z nimi przeżywają kolejne wydarzenia. Głośno wyrażają emocje mimiką, postawą ciała, wyrazem oczu, śmiechem, płaczem, gestem. Tak samo reagują w zabawie i przy pomaganiu rodzicom czy rodzeństwu w codziennych czynnościach (do czego do jakiegoś wieku się garną). Tak się właśnie przejawia nieskażony entuzjazm. Czy posiadałeś go także? Na pewno. Przypomnieniu sytuacji, na które reagowałeś entuzjastycznie, służyło ćwiczenie zamieszczone w poprzednim rozdziale. Na ogół te momenty pamiętamy, gdyż entuzjazm jest silną emocją – tak silną, że pozostawia w pamięci trwały ślad.

Skoro potrafiliśmy być entuzjastyczni w dzieciństwie, znamy to uczucie i możemy je odtworzyć. Tylko czasami trzeba nad tym dłużej popracować. Mam szczęście należeć do ludzi, którym entuzjazm towarzyszył przez całe życie. Od najmłodszych lat bez względu na warunki miałem marzenia i je realizowałem, nawet w niesprzyjających okolicznościach. Entuzjazm mi w tym pomagał. Teraz dzielę się nim z innymi. Spontaniczność, żywiołowość, pasja, otwarcie na nowe doznania i nowych ludzi to cechy, które może rozwinąć każdy z nas. Najpierw jednak warto przyjrzeć się swojemu rozumieniu entuzjazmu. Po co? By pozbyć się negatywnych przekonań, jeśli je mamy.

Czym jest przekonanie? To wiara w jakąś „prawdę", która jednak nie musi obiektywnie być prawdą. To tylko my właśnie w taki, a nie inny sposób widzimy rzeczywistość, fakty, sytuacje czy mechanizmy działania. Gdybyśmy mieli możliwość jednakowego postrzegania „prawdy" w każdych okolicznościach, nie byłoby różnic poglądów, a przecież obserwujemy je na co dzień we wszystkich dziedzinach. Przykładem może być niezależność finansowa. Jak myślisz? Jak się ją zdobywa? Przez uczciwą pracę, rzetelne wykonywanie obowiązków, pomysłowość i kreatywność czy raczej przez nieuczciwe działania, kombinatorstwo i oszustwa? Jeśli w Twoim przekonaniu dobrobyt można osiągnąć wyłącznie w ten drugi sposób, to jako człowiek uczciwy być może dojdziesz do przekonania, że nigdy nie osiągniesz odpowiednio wysokiego poziomu życia, bo musiałbyś się sprzeniewierzyć swoim zasadom. A skoro będziesz w to wierzył, to będziesz to miał, a raczej w tym przypadku... nie miał, czyli Twoje potrzeby finansowe rzeczywiście nigdy nie zostaną zaspokojone. To działa jak sprzężenie zwrotne, więc utrwala fałszywe przekonania i blokuje dobrą energię. Czy możemy być entuzjastyczni, jeśli nasz umysł jest pełen negatywnych przekonań? To raczej niemożliwe. Pozbycie się ich lub zamiana w przekonania pozytywne, przede wszystkim jednak prawdziwe, stanowi podstawę uczenia się entuzjazmu, a raczej powracania do niego.

Jak wiemy, przekonania nabywamy głównie w wyniku wychowania i socjalizacji. W jakiś sposób je dziedziczymy. Jeśli w rodzinie i najbliższym otoczeniu będziemy się stykać z osobami pełnymi entuzjazmu, dobrej woli, otwartymi, życzliwymi i uśmiechniętymi, to mamy dużą szansę stać się takimi ludźmi. Jeśli zaś od dziecka wmawia nam się, że wszyscy wokół tylko czyhają na nasze potknięcia, że nikt nie ma dobrych intencji, a każdy dzień jest męką, wykrzesanie z siebie dobrych myśli, nadziei na spełnione życie będzie bardzo, bardzo trudne. Choć i w tym aspekcie, jak wynika z moich badań i obserwacji, nawet w tak trudnych okolicznościach nasze reakcje na odszukanie jakości życia są kwestią interpretacji tego, czego doświadczamy. Nawet traumatyczne przeżycia z dzieciństwa można przekuć na postawę pełną entuzjazmu – siły która zaprowadzi nas do wymarzonych celów.

A jeśli nie ma w nas tej właściwej interpretacji tego, co nas spotkało w przeszłości? Co w takiej sytuacji robić? Zdemaskować negatywne przekonania i je zmienić. Możemy tego dokonać. Przekonania bowiem nie są zależne od warunków zewnętrznych. Zależą jedynie od naszego myślenia.

Dotyczy to także zmiany przekonań związanych z entuzjazmem. Być może na razie hasło „entuzjastyczny" od razu otwiera w Twoim umyśle szufladkę z zawartością: „Aaa... Entuzjastyczny... A więc bezmyślny, pozbawiony refleksji, bierze się za coś, zanim się zastanowi. Nieprzygotowany. W gorącej wodzie kąpany. Naiwniak, głupiec...". Jeśli tak, to nie jesteś odosobniony. Jednak definiowana w ten sposób postawa nie opisuje entuzjazmu. Entuzjazm nie polega na pochopnym braniu się za cokolwiek, bez przemyślenia i przygotowania. To nie słomiany zapał. Tak postępuje wielu ludzi. Płomień rozpala się w nich nagle, start do działania następuje w jednej chwili. Tyle że każdy czynnik, który spowolni lub zatrzyma na sekundę tę rozpędzoną lokomotywę, działa jak piasek wsypany w tryby maszyny. Budzi złość i zniechęcenie. Następuje jeszcze kilka gwałtownych posunięć i… koniec. Rezygnacja. Maszyna się zepsuła. Zadanie, którego wykonywanie miało sprawiać przyjemność, staje się męczącą robotą.

Czy może jednak przynieść satysfakcję? Zastanówmy się, gdzie leży granica między entuzjazmem a naiwnością. To trudne do określenia. Trzeba wziąć pod uwagę całą osobowość konkretnego człowieka. Liczy się głównie zmysł przewidywania i zdolność do myślenia przyczynowo-skutkowego.

Wzorem entuzjazmu nie jest osoba, która z wielkimi zapowiedziami, huraoptymizmem i buńczucznymi hasłami wielokrotnie podchodzi do jakiegoś działania i nie potrafi wyciągać wniosków z popełnianych błędów, wciąż tych samych. To wcale nierzadko spotykany typ zadowolonego z siebie w każdej sytuacji głuptasa, doprowadzającego bliskich do rozpaczy spontanicznymi akcjami, podczas których uśmiech nie schodzi mu z twarzy. Ten motyw nader często wykorzystywany jest w komediach, bardzo starych jak kultowy Flip i Flap lub znacznie nowszych jak Jaś Fasola. (Na marginesie: bardzo mi się podoba humor i gra aktora Rowana Atkinsona ☺). Filmy te utrwalają obraz osoby rozsądnej jako pozbawionej poczucia humoru i entuzjazmu. Wiadomo, bohaterowie komediowi są przerysowani, podobnie jak postacie ze skeczów kabaretowych oraz karykatury. Można te obrazy filmowe czy przedstawienia potraktować jak ostrzeżenie przed negatywnymi skutkami entuzjazmu, ale trzeba mieć do nich dystans i pamiętać, że powstały głównie po to, by bawić, a nie uczyć.

Kim są ludzie, którzy radosną i twórczą postawę innych traktują z lekceważeniem, a nierzadko z wrogością? Myślę, że są to osoby nieszczęśliwe i zgorzkniałe, którym życie przecieka między palcami, bo za bardzo dopasowują się do otoczenia. Już dawno stracili umiejętność indywidualnego działania, a raczej zmienili ją w łatwość krytykowania każdego, kto chce żyć po swojemu i realizować własne plany. Zapewne czują oni podświadomie, jak wiele stracili przez to, że wciąż się wahali, krępowali, obawiali, że wciąż wciskali hamulec, że zdeptali bezlitośnie tę cząstkę siebie, która rwała się do radosnej aktywności. Ta zatruwająca ich dusze gorycz oddziałuje negatywnie na wszystkich dookoła. Często przeradza się w zawiść. Przykre jest to, że tacy ludzie przekazują swoje smutne spojrzenie na świat dzieciom (uczniom, pracownikom, znajomym). Im samym zabrakło entuzjazmu, lecz zamiast przyznać, że się mylili, odbierają innym prawo do niego.

To nic innego, jak wkładanie kija w szprychy pędzącego roweru. Sam tego doświadczyłem wiele razy, nawet od najbliższych mi osób. Gdy snułem wizje i plany, gdy stawiałem sobie nowe, często odległe cele, najbliżsi nie podzielali mojego entuzjazmu, uznawali moje pomysły za mało realistyczne i starali się odwieść mnie od ich urzeczywistniania. Nie winię ich za to. Intencje mieli dobre. Działali w dobrej wierze, chcąc uchronić mnie przed kłopotami. Ale gdybym się poddał i przyjął ich sposób myślenia, to pewnie nie spełniłbym swoich marzeń do dziś. Warto uwolnić się od wpływu takich osób i ich przekonań, nawet jeśli to są nasi bliscy.

Wiem, że to jest jedno z najtrudniejszych zadań , tym bardziej jeśli naszą wartością jest rodzina i jej szczęście. Ale w moim zrozumieniu tej wartości jest taki szczegół: skoro pragnę szczęścia dla mojej rodziny, to wyznaczam granicę w relacjach, szczególnie w aspekcie opiniowania pomysłów i planów które mają na celu zmienić na lepsze jakość życia. Mojego, ale też w pewnym zakresie życia moich najbliższych.

Zniechęcanie to zabójcza trucizna dla naszego entuzjazmu. Czy można się zabezpieczyć przed jego destrukcyjnym działaniem? Można. Oprócz unikania etatowych zniechęcaczy, zazdrosnych i przepojonych goryczą, można spróbować wpłynąć na nich. Pokazać im inny sposób postrzegania świata i wesprzeć w zmianie nastawienia. Antidotum może być także znalezienie przeciwwagi, wzorca w postaci zaangażowanej i entuzjastycznej osoby, która wesprze nasze zamierzenia.

Jednym z przekonań, które warto zmienić, by uwolnić swój entuzjazm, jest twierdzenie, że prawdziwa praca „musi boleć". Musi być ciężka, nieprzyjemna. Człowiek musi być „styrany". Jeśli nie, to znaczy, że pieniądze dostaje „za nic". Czy czasami nie uważamy podobnie? Czy nie utwierdzamy się w przekonaniu, że nie wypada cieszyć się z tego, że robimy to, co robimy? Że z satysfakcją chodzimy do pracy, z radością wykonujemy kolejne zadania, a pieniądze zarabiamy na tym, co sprawia nam największą frajdę? Ktoś, kto pracuje z entuzjazmem, bez względu na to, czy jest fryzjerem, czy dyrektorem dużego przedsiębiorstwa, wykonuje swoją pracę dokładniej i sumienniej niż inni. Efekt jest taki, że jako klienci (lub pracownicy) chcemy do takiej osoby wracać i utrzymywać z nią kontakt.

Fryzjer z pasją podchodzący do swego zawodu wykorzystuje wszystkie swoje umiejętności i angażuje inwencję, bo cieszy to nie tylko klienta, lecz także jego samego. Kiedy ludzie wychodzą z jego zakładu zadowoleni, wręcz szczęśliwi, kiedy ma stałych klientów przychodzących z przyjemnością, a na dodatek przyprowadzających nowe osoby, jest to dla niego najlepsza zapłata, dowód, że warto pracować dobrze, a jednocześnie pożywka dla entuzjazmu. Entuzjazm rodzi się, kiedy robimy, a nawet kochamy to, co lubimy. Zapłata jest wtedy często rzeczą drugorzędną.

Przykład fryzjera przywołałem tu nie bez kozery. Gdy miałem 18 lat, pomyślałem, że to mogłaby być praca dla mnie. Postanowiłem zdobyć odpowiednie umiejętności. Ale... nie poszedłem uczyć się tego zawodu w jakiejś szkole. Miałem inny plan. Przez jakiś czas chodziłem do różnych zakładów fryzjerskich, siadałem w poczekalni i przyglądałem się pracy tych, którzy z uśmiechem na twarzy strzygli i czesali. Tak spędziłem kilka miesięcy. Pracowałem wtedy jako dozorca nocny w liceum, a więc w ciągu dnia miałem wystarczająco dużo czasu. Czy znalazłem klientów, gdy uznałem, że mogę spróbować swoich sił? Tak, byli to moi mali siostrzeńcy. Mieli wtedy 7 i 5 lat. Kiedy nabrałem wprawy, krąg chętnych się pozwiększył: koledzy, znajomi oraz osoby, które spotykałem, pracując jako wolontariusz. Było to bardzo miłe.

Osoba entuzjastyczna postępuje właśnie w taki sposób. Czerpie energię ze swego wnętrza i kieruje ją na działanie, na zewnątrz. Działa szybko, ale nie pochopnie, bo dokładnie wie, czego chce. Brak zwłoki w pracy nie świadczy o lekkomyślności, ale o chęci szybkiego osiągnięcia celu. Cel powinien być jednak dobrze zdefiniowany, tak jak i droga do niego prowadząca. Działanie ze słomianym zapałem pomija etap przygotowań, entuzjazm zaś pozwala szybko go przejść i działać dalej już z nakreślonym planem i oszacowanymi szansami powodzenia.

Entuzjazm to radość z działania, radość, która pozwala lekko i swobodnie przechodzić z jednego punktu do drugiego. Warto przytoczyć angielskie powiedzenie: „ciesz się z podróży". Podróż bowiem (czyli działanie) jest nie mniej ważna od celu, do którego zmierzamy. Przypomnij sobie, jak miło jest przygotowywać się do wyjazdu, przeglądać przewodniki, planować trasę, pakować się. To przyjemność, która pozwala poradzić sobie nawet z obawami przed lotem czy nieprzewidzianymi kosztami pobytu, jeśli takie się pojawią.

Czy już wiesz, od czego zacząć pracę nad rozwijaniem entuzjazmu? Jeśli tak, to przyjrzyj się swoim przekonaniom na różne tematy. Odnajdź te negatywne. Zastanów się nad nimi. Może znasz ludzi, którzy mają inne zdanie? Dopuść ich na chwilę do głosu. Może to oni mają rację? Może warto zejść z utartej ścieżki myślenia i zmienić nastawienie na bardziej otwarte?

☼

Rozdział 4

Jak rozwijać entuzjazm?

Zmiana negatywnych przekonań związanych z pojęciem entuzjazmu oczywiście nie rozwiąże wszystkich problemów. To zaledwie początek. Nawet jeśli nabierzemy przekonania, że entuzjazm jest pojęciem całkowicie pozytywnym, wartościowym i niesie same korzyści, to trzeba jeszcze to przekonanie utrwalić poprzez działanie. Jest takie powiedzenie: „najpierw działaj, potem oczekuj". W tym przypadku także się sprawdza. Dopiero w działaniu możemy doświadczyć pozytywnej mocy entuzjazmu. Z książek, które przeczytamy na ten temat, z pewnością sporo się dowiemy, ale dopiero sprawdzenie tej wiedzy w praktyce i doświadczenie siły entuzjazmu pozwala zrozumieć, ile on rzeczywiście znaczy. Bez tej cechy trudno osiągnąć cele w sferze osobistej, trudno też prowadzić jakąkolwiek działalność biznesową.

Co zrobić, żeby uwierzyć, że wykształcenie entuzjazmu jest możliwe? Nie każdy przecież otrzymał w darze odpowiedni jego zasób. Trudno oczekiwać wrodzonej spontaniczności i emanowania energią od osoby introwertycznej lub refleksyjnego melancholika. Istnieją skuteczne metody rozwijające entuzjastyczne podejście do życia. Wiele z nich sam przetestowałem, więc mogę je zaprezentować z pełnym przekonaniem.

Jedna z nich została opracowana przez psychologa **Williama Jamesa**, ale rozwinął ją amerykański pastor i autor książek z dziedziny rozwoju osobistego **Norman Vincent Peale**. Metoda Peale'a polega na świadomej zmianie myślenia i zachowania, a nawet wyglądu, tak aby odzwierciedlały cechy, które dopiero zamierzamy w sobie wykształcić. To rodzaj wizualizacji, tyle że bardziej konkretnej, przeprowadzanej w umyśle, ale widocznej na zewnątrz. Punktem wyjścia jest założenie – powtarzane wielokrotnie – że źródło każdej zmiany tkwi w naszych myślach i w dużym stopniu to my sami decydujemy, jacy jesteśmy, a raczej jacy postanawiamy być. Pomyśl przez chwilę nad swoim zachowaniem i przypomnij sobie, czy w każdym środowisku zachowujesz się jednakowo. I co? Oczywiście, że nie. Prawdopodobnie inaczej mówisz, inaczej wyglądasz, a nawet masz inną minę lub przybierasz odmienną postawę w zależności od tego, czy bierzesz udział w oficjalnych rozmowach handlowych, czy jesteś wśród przyjaciół, z którymi znacie się od dawna, albo wśród ludzi, z którymi łączy Cię niewiele. Skoro możesz zmieniać swoje zachowanie i dostosowywać je do sytuacji, możesz też świadomie zaprogramować się na entuzjazm. To tym łatwiejsze, że – jak pisze Peale – entuzjazm nie towarzyszy nam stale. Odczuwa się go (lub nie) zawsze w odniesieniu do czegoś. Naucz się więc rozpoznawać sytuacje, w których warto włączyć entuzjazm. Myśl o wynikających z nich szansach i korzyściach. Daj się porwać chwilowej ekscytacji marzeniem i celowo odtwarzaj to odczucie podczas działania.

Dowodem skuteczności metody Normana Peale'a jest życie **Franka Bettgera**, handlowca i biznesmena, autora bestsellerowych książek z dziedziny motywacji i przedsiębiorczości. Bettger w młodości grał w bejsbol, ale długo był zawodnikiem co najwyżej przeciętnym, więc został wydalony z klubu. Na odchodne usłyszał, że jest leniwy i powinien wkładać w to, co robi, choć trochę entuzjazmu. Nie zrezygnował z gry. Przeniósł się do innego klubu. Może to wydawać się śmieszne, ale postanowił, że już nigdy nikt go nie posądzi o lenistwo. Bez względu na okoliczności zawsze będzie entuzjastyczny. To postanowienie było tak silne, że przełamał swoje słabości i na boisku dawał z siebie wszystko. Jak to zrobił? Najpierw wyobraził sobie siebie jako entuzjastycznego gracza, a potem zrealizował tę wizję. Determinacja w połączeniu z radością gry przyniosła nadspodziewane efekty. Przemiana Franka bejsbolisty była tak niezwykła, że nadano mu przydomek Beczka Entuzjazmu. Bettger sam był zdziwiony nagłym powodzeniem i aż taką poprawą umiejętności. Ich wzrost i jednocześnie rozkwit entuzjazmu pokazał mu jasno, że gruntowna przemiana jest możliwa i należy tego próbować, jeśli tylko ma się na to ochotę.

Ważne było osobiste przekonanie Franka Bettgera, że chce robić to, co robi. Chce, a nie musi, czy powinien. Jeśli zamierzamy w swoim życiu coś zmienić, to obudźmy i utrwalajmy w sobie podobną postawę.

Do pogłębiania entuzjazmu w każdym momencie życia przydaje się rozwijanie wiedzy. Nie tylko poprzez edukację szkolną, lecz także, a może przede wszystkim, poprzez poznawanie różnych aspektów życia, dorobku cywilizacji, przypatrywanie się innym ludziom oraz oczywiście poprzez zdobywanie wiedzy specjalistycznej w wybranych dziedzinach. Wiedza jest jednym z czynników, na których opiera się entuzjazm.

Osoba mało entuzjastyczna nie wzbudza zaufania ani do swoich działań, ani do działań firmy. Osłabia też zapał innych. Działa to także w drugą stronę. Zaobserwowałem i sam doświadczyłem, że entuzjazm jest zaraźliwy. Warto mieć kontakt z ludźmi, którzy coś robią z pasją.

Nie muszą być to od razu rzeczy wielkie. Ja w taki sposób poznałem na przykład przyjemność wędkowania. Gdy miałem 10 lat, zachęcił mnie do tego sąsiad. Najpierw tylko obserwowałem, jak rano pełen zapału wychodzi z domu z wiadrem i wędkami, a potem wraca – szczęśliwy i dumny z połowu. Zapragnąłem poczuć się tak jak on. Szukałem z nim kontaktu i wypytywałem o szczegóły jego hobby. Przekazał mi to wszystko, co sam wiedział o sztuce łowienia ryb. Jego opowiadania były niezwykle interesujące, nasycone emocjami. Poczułem przemożną chęć rozpoczęcia własnej przygody z wędką. Nie minęło dużo czasu, gdy wyposażony w odpowiednie akcesoria ruszyłem nad jezioro. Początkowo oddawałem się nowej pasji jedynie w wolne dni, ale już wkrótce potem chodziłem na ryby prawie codziennie. Potrafiłem wstać nawet o 4 rano, by móc łowić przed pójściem do szkoły. Nic nie było w stanie mnie powstrzymać. Sąsiad zaraził mnie i swoim hobby, i swoim entuzjazmem. Jeśli więc odczuwasz brak entuzjazmu, a każdej myśli o podjęciu jakiegoś działania towarzyszy destrukcyjne: „po co?" i „nie warto!", poszukaj kontaktu z kimś, kto z entuzjazmem uprawia tę dziedzinę. I zacznij go naśladować. Początkowo będzie Ci się to wydawało sztuczne, ale jeśli otworzysz się na zmiany, po niedługim czasie przyjmiesz tę postawę za swoją. To skuteczna metoda. Od czasu fascynacji wędkowaniem stosuję ją z dużym powodzeniem w różnych dziedzinach życia.

Jak już wspominałem, entuzjazm nie jest cechą stałą. Stała może być tylko zdolność do odczuwania i okazywania go w obliczu jakiejś konkretnej sytuacji czy konkretnego zadania.

Czy wyobrażasz sobie wartość entuzjazmu cukiernika przygotowującego tort na jakąś ważną uroczystość, jeśli właściciel cukierni polecił zastąpić potrzebne produkty gorszymi i tańszymi? Czy wyobrażasz sobie determinację konstruktora pojazdu latającego, który nie wierzy, że jego wynalazek kiedykolwiek wzniesie się w powietrze? Czy wyobrażasz sobie wreszcie zapał trapera, który sądzi, że pokonywanie pieszo długiej drogi jest bez sensu? Oczywiście, że nie. Jeśli więc chcesz wzbudzić w sobie entuzjazm do jakiegoś pomysłu lub projektu, zastanów się najpierw, czy wierzysz w jego sensowność i czy tak naprawdę chcesz go realizować lub uczestniczyć w jego realizacji. Pomyśl, czy cel wart jest Twojego wysiłku. Jak się o tym przekonać? Możesz wykorzystać ćwiczenie proponowane przeze mnie na końcu tego rozdziału. Jeśli dojdziesz do wniosku, że nie zależy Ci tak bardzo na wytyczonym celu, lepiej zrezygnuj, bo będziesz się męczył, a Twoje starania przyniosą mierne skutki.

I tu dochodzimy do kolejnego sposobu wzbudzania entuzjazmu. Ciesz się życiem i zauważaj jego dobre strony. Poznaj siebie i uświadom sobie, co sprawia Ci autentyczną przyjemność. Czy wiesz, jak wiele osób nie dostrzega wokół siebie piękna i dobrych zdarzeń? Widzą tylko to, co brzydkie, co się nie powiodło. Jeśli zauważasz w sobie takie tendencje, postaraj się je zmienić. Zacznij od uśmiechania się do siebie i innych. Czy zwróciłeś uwagę, że osoby, które mają naturalny, szczery uśmiech, są mile widziane w każdym towarzystwie i szybciej załatwiają sprawy w różnych instytucjach? Uśmiechnięci sprzedawcy generują znacznie większe przychody niż inni.

Przypomnij sobie ostatnie zakupy. Prawdopodobnie masz swoje ulubione sklepy. I nie chodzi tu o sklepiki osiedlowe, w których sprzedawcy znają klientów, bo są nimi mieszkańcy najbliższych domów, od lat ci sami. Pomyśl o sklepach, gdzie kupujących jest tak wielu, że trudno ich zapamiętać. Atmosferę sklepu wyczuwamy najpóźniej po kilku pierwszych minutach. Bywa różnie. Na jednym biegunie jest obsługa, która biega po sklepie, z zapałem poprawia towar, przekłada coś, zapisuje, mijając klientów, tak jakby byli przezroczyści. Ma się wrażenie, że przeszkadzają im w pracy. Na drugim zaś – są sprzedawcy i asystenci sprzedawców, którzy ledwo klient wejdzie do sklepu, osaczają go i pytają: „W czym mogę pomóc?", choć wcale po nich nie widać chęci pomocy. Wiedzą ze szkoleń, że powinni zadać takie pytanie, więc pytają wielokrotnie i nachalnie. Najrzadziej zdarzają się sprzedawcy, u których widać autentyczną chęć oferowania towaru w taki sposób, by klient był zadowolony. Potrafią rzeczywiście doradzić, a nawet odwieść od zakupu, jeśli dostrzegą, że nabywca prawdopodobnie pożałuje podjętej decyzji. To prawdziwi profesjonaliści, szczerze oddani swojej pracy, szczęśliwi, że mogą ją wykonywać. Dowodem jest ich niewymuszony uśmiech i naturalność. Po zakupach w takich sklepach wychodzimy nie tylko z dobrym towarem, ale i z doskonałym nastawieniem do świata.

Uśmiech i autentyczna swoboda zachowania potrafią skutecznie zjednać sympatię otoczenia. Prezentuj taką postawę także w odniesieniu do siebie. Uśmiechnij się do swojego odbicia w lustrze. To działa! Gdy się do siebie uśmiechasz, czujesz się wspaniale, rośnie Twoje poczucie zadowolenia. W ten sposób możesz poprawić sobie gorszy nastrój. Spójrz na siebie przyjaźnie, w końcu otoczenie możesz zmienić, a ze sobą pozostaniesz przez całe swoje życie.

Spójrzmy na swoje życie jak na wspaniały dar. Cieszmy się z niego. Otrzymaliśmy go tylko na ograniczony czas, ale możemy wykorzystać dowolnie. Czemu więc nie mielibyśmy sprawić, by dar ten przyniósł nam szczęście? Tutaj także możesz zastosować zasadę, że świat jest taki, jak Twoje myślenie o nim.

Jak odnaleźć sytuacje, marzenia i cele, które wywołają entuzjazm? Bądź otwarty na to, co się dookoła dzieje. Patrz z uśmiechem na ludzi, którzy się ubierają inaczej niż wszyscy. Przyjrzyj się z życzliwością prowokującym fryzurom nastolatków. Czy muszą Ci się podobać? Nie! Czy Ty musisz wycinać we włosach kółka albo farbować czubek głowy na zielono? Absolutnie nie! Ale czyjaś fryzura nie wyrządza Ci żadnej szkody, popatrz więc na to bez oburzenia i z sympatią. Możesz pomyśleć, że młodość ma swoje prawa. Przypomnij sobie kilka własnych zachowań z okresu dojrzewania, które były pewnego rodzaju buntem wobec pokolenia dorosłych, wydającego się młodym zupełnie bez wyobraźni. I co tu ukrywać! Nie bez powodu! Spróbuj poćwiczyć swoją spontaniczność!

Zmieniaj się, zmieniaj sposób ubierania, miejsce zamieszkania, miejsce pracy. Zmieniaj drogi, którymi chodzisz, rytm dnia, rytm tygodnia, sposób spędzania wolnego czasu. Skręć w uliczkę, którą dawno nie szedłeś. Zajmuj się wszystkim, o czym myślisz skrycie „chciałbym, ale...". Wyrzuć z myślenia to „ale", jeśli tylko Twoje zamierzenia nie spowodują czyjejś krzywdy. Możesz wiele. I z tej wielości czerp entuzjazm.

Jeśli brakuje Ci czasu, a lubisz pospać, spróbuj pójść godzinę wcześniej do łóżka. Prawdopodobnie wstaniesz godzinę wcześniej niż zwykle. Twój poranek może okazać się dużo mniej nerwowy. Ze spokojem wypijesz poranną kawę, zjesz śniadanie i, co najważniejsze, będziesz miał czas entuzjastycznie nastawić się do nadchodzącego dnia. Pomóż sobie gimnastyką, optymistyczną muzyką czy chwilą dobrej rozmowy z kimś z rodziny. W miarę możliwości zjedz śniadanie na tarasie lub balkonie. Wykorzystaj wolne chwile na zaplanowanie dnia, jeśli nie zrobiłeś tego poprzedniego wieczoru. Spisz zadania na kartce. Może okaże się, że wcale nie jest ich tak wiele, jak myślałeś? Może wygospodarujesz tego dnia jeszcze jakąś godzinkę na spotkanie z przyjaciółmi? Ulubiony sport? Wyjście na koncert lub na wystawę, która się kończy? Wykorzystaj nadchodzący dzień jak najlepiej. Z entuzjazmem i energią.

Entuzjazm karmi się też marzeniami. Pod warunkiem, że sobie na nie pozwolisz. Ich rola jest nie do przecenienia. To one wzmacniają kluczowe cechy naszej osobowości. One też potrafią wzmocnić nasz entuzjazm. Nie wszystkie marzenia muszą przeradzać się w cele. Nie wszystko musisz porządkować i klasyfikować. Nie wszystko musi mieć poważną przyczynę. Weź na przykład kawałek papieru i naszkicuj swoją karykaturę, odwzoruj widok za oknem lub pokoloruj kartkę, tak żeby linie i zamalowane przestrzenie wyraziły Twój aktualny nastrój. Po co? Po nic. Niech Twoje działanie nie ma żadnego celu poza chwilowym relaksem, zaspokojeniem chęci zrobienia czegoś zupełnie niepoważnego i niepotrzebnego. Nie musisz tego robić najlepiej na świecie. Nie musisz porównywać się do niczego. Po prostu ciesz się chwilą i drogą – robieniem czegoś, a nie celem.

Niech tym razem cel nie przysłania Ci działania. Nie musisz go sobie nakreślać. Działaj dla samego działania. Z nim zwykle pojawia się entuzjazm. Naucz się go rozpoznawać i odczuwać, by potem umieć go wywołać. To, co robisz celowo – w pracy lub dla rodziny – powinno zacząć sprawiać Ci taką samą przyjemność, jak to, co robisz bez celu, bez jakiegokolwiek obowiązku, nie mówiąc już o przymusie, który potrafi zdusić entuzjazm w zarodku.

Wróćmy do głównego wątku tego rozdziału. Jeśli już wiesz, jak przejawia się entuzjazm, wyznacz sobie wartościowy cel. Co to znaczy wartościowy? Taki, który rzeczywiście chcesz osiągnąć. Ty sam! Nie Twoja rodzina, otoczenie, znajomi, współpracownicy. Cel może być spójny z ich celami, ale przede wszystkim Ty powinieneś się z nim identyfikować. Staraj się, by był zgodny z Twoimi wartościami nadrzędnymi. Zobacz konkretne korzyści (niekoniecznie materialne), które z niego wynikną. Warto mieć dobrze przemyślane plany. To one dają motywację, by codziennie rano z radością wstawać z łóżka i spełniać swoje marzenia.

Rozdział 5

Jak sobie radzić z przeszkodami?

Skuteczność metod przedstawionych w poprzednim rozdziale sprawdziłem w praktyce. To nie znaczy jednak, że wszystko szło gładko. Jak każdy, kto stara się o cokolwiek, napotykałem rozmaite przeszkody. Liczyłem się z tym. Pokonywałem je jedna po drugiej, by jak najszerzej otworzyć drzwi dla entuzjazmu.

Co może przeszkodzić w pojawieniu się entuzjazmu?

Zacznijmy od bardzo ważnego czynnika – zdrowia. Dbałość o dobry stan ciała to obowiązek każdego z nas. Niestety, mamy skłonność albo do przesadnego zajmowania się nawet chwilowym spadkiem nastroju, dopatrując się w nim symptomu jakiejś groźnej choroby, albo do lekceważenia nawet dłużej trwających dolegliwości i zbywania ich krótkim: „samo przejdzie". Najlepiej zastosować złoty środek: dobrze się odżywać, wystarczająco dużo spać, radzić się lekarza, jeśli ból nie ustępuje, a inne objawy trwają dłużej niż tydzień. W ramach profilaktyki warto też raz na kilka lat przeprowadzić gruntowne badania, które upewnią nas, że z organizmem wszystko jest w porządku, lub pozwolą wykryć chorobę we wczesnym jej stadium, co zwiększa szanse na wyleczenie.

Niezwykłym entuzjazmem wyróżniają się niepełnosprawni sportowcy. Z chęcią trenują i pokonują własne słabości. Do ich grona należy na przykład **Anthony Kappes** – niewidomy kolarz z Wielkiej Brytanii, który został czterokrotnie mistrzem świata i dwukrotnie mistrzem olimpijskim (w 2008 roku w Pekinie i w 2012 roku w Londynie).

Imponujące są też osiągnięcia innego pełnego entuzjazmu sportowca. To Norweg **Jostein Stordahl,** który jako siedemnastolatek stracił nogę w wypadku kolejowym. Uprawia aż trzy dyscypliny sportowe: curling (bardzo popularny w Skandynawii), podnoszenie ciężarów oraz żeglarstwo. Nie wszędzie i nie zawsze wygrywa z innymi, ale zawsze wygrywa z sobą i dla siebie.

Kolejną przeszkodą w odczuwaniu entuzjazmu i przyczynie większości życiowych niepowodzeń jest stres. Mniejszy lub większy – towarzyszy nam stale. W małej dawce jest nieszkodliwy, w nadmiarze może wywołać bardzo poważne dolegliwości. Jest nie tylko przyczyną problemów emocjonalnych, ma także zgubny wpływ na nasze życie i zdrowie. Ludzie poddani długotrwałemu działaniu czynników stresogennych mogą popaść w uzależnienia, cierpieć z powodu kłopotów z układem krążenia, pokarmowym i nerwowym. Stają się apatyczni i zniechęceni do życia.

Stres może znacznie osłabić entuzjazm. Najważniejsze w walce z nim nie jest łagodzenie jego skutków (czyli tak zwane leczenie objawowe), ale dociekanie i zwalczanie przyczyn. Nie zawsze istnieje możliwość likwidacji stresora. Kluczowa jest wtedy zmiana nastawienia. Sytuację stresogenną postarajmy się zaakceptować lub przynajmniej przyjąć do wiadomości. Gdy nie możemy zapanować nad nią samą, to zmieńmy swoje nastawienie do niej. O pomoc w zaakceptowaniu istniejącej sytuacji, jeśli jest dla nas bardzo trudna, możemy zwrócić się do psychologa.

Dość często zdarza się, że zmiana nastawienia powoduje znaczną poprawę samopoczucia i przypływ nowych sił. Dochodzi do zredukowania stresu z poziomu destrukcyjnego do motywującego.

W moim przypadku skuteczna okazuje się strategia neutralizowania stresu, zanim urośnie do zbyt wysokiego poziomu. Brak stosowania się do tej strategii sprawia, że organizm uwalnia się od stresu sam, niekiedy w sposób niekontrolowany. Zapewne przypomnisz sobie z własnego życia sytuację, w której wzrost napięcia był tak duży, że wreszcie zareagowałeś gwałtownym wybuchem. To działa jak przecięcie wrzodu. Przez chwilę boli mocniej, ale potem robi się znacznie lżej. Niestety, uldze towarzyszą często negatywne skutki.

Może jednak nie warto czekać do chwili, kiedy zmiany można przeprowadzić już tylko rewolucyjnie albo dokonują się same ze szkodą dla wszystkich? Lepiej reagować w momencie, gdy rozpoznamy, co lub kto jest głównym stresorem. Dalsze angażowanie się w stresującą sytuację byłoby tylko stratą czasu i energii. Nikomu nie przyniesie żadnej korzyści. Zwykle uświadomienie sobie tego wystarczy, żeby nabrać dystansu, wyciągnąć wnioski i rozpocząć proces zmian. Jeśli wydaje nam się to niemożliwe, spróbujmy pomyśleć, czy ta sytuacja będzie dla nas równie ważna za rok, pięć lat, dziesięć. Może się okazać, że samo wyobrażenie sobie dystansu czasowego osłabi działanie stresu.

W końcu emocjom ulegamy zazwyczaj pod wpływem jakichś impulsów. Są one tak silnymi doznaniami, że nie da się utrzymać ich bardzo długo na wysokim poziomie. Z czasem słabną. Przypomnij sobie, ile razy okazywało się, że Twoje wzburzenie jest zupełnie niepotrzebne, że sprawę – wydawałoby się bardzo istotną – można było załatwić inaczej. Że jakieś wydarzenie po czasie raczej Cię śmieszyło niż złościło. Zwłaszcza gdy przypomniałeś sobie, jak miotałeś się bezsilnie, co rusz wybuchając gniewem.

I tu warto wypróbować skuteczność kolejnej metody. Jest nią poszukiwanie humorystycznego aspektu problemu. To rozładowuje napięcie. Zresztą niekiedy umysł wykorzystuje ten sposób bez naszego przyzwolenia. Prawdopodobnie albo sam to przeżyłeś, albo miałeś okazję obserwować. W sytuacji niezwykle wysokiego napięcia trudno niekiedy utrzymać powagę. Zdarza się nawet parsknięcie śmiechem albo drganie ramion, bo śmiech co prawda udało się stłumić, ale tego odruchu już nie. Taka reakcja jest rodzajem wentyla bezpieczeństwa. Jego uruchomienie osłabia stres, a więc może ratować człowieka przed naprawdę poważnymi konsekwencjami, takimi jak udar mózgu czy atak serca.

Warto wykorzystywać to ochronne działanie śmiechu. Spróbuj roześmiać się nawet teraz, bez powodu. Czy zauważasz zmianę w swoich odczuciach? Śmiech dodaje do naszego odczuwania element spontanicznej radości. To jakby powrót do dzieciństwa z jego beztroską i odczuwaniem przyjemności w najdrobniejszych sprawach: jedzeniu lodów na patyku, oglądaniu ulubionej kreskówki, zabawie na podwórku czy wypadzie rowerowym.

Skoro radość potrafi wywołać tyle dobrych uczuć, warto ją zastosować w celu wyeliminowania nadmiaru stresu. Możesz więc w sytuacji stresowej urządzić sobie „dzień dziecka" polegający na powrocie do zachowań z dzieciństwa. Zbuduj coś z klocków lego. Kup sobie watę cukrową, lody lub idź do wesołego miasteczka. Obejrzyj swój ulubiony film (z tych dozwolonych od lat siedmiu). Niech towarzyszą Ci w tym dzieci, własne lub zaprzyjaźnione z Twoją rodziną. Zabawa z dziećmi zaabsorbuje Cię. Da Ci czas niezbędny do nabrania dystansu. Pozwoli cieszyć się chwilą. Zmęczy fizycznie, ale spowoduje osłabienie negatywnie działającego napięcia psychicznego. Sam w chwilach stresu staram się przypominać sobie, co jest dla mnie ważne i cieszyć się z tego, co mam: rodziny, ciekawej pracy, hobby. To mnie uspokaja, przynosi mi zadowolenie i daje dystans potrzebny do realistycznej oceny sytuacji.

Stres można rozładować także poprzez sport i aktywność fizyczną, relaksacyjną muzykę, właściwe oddychanie. Pomaga otaczanie się życzliwymi ludźmi, od których możemy oczekiwać zrozumienia. O unikaniu przepojonych goryczą zniechęcaczy już pisałem.

Przeszkodą w odczuwaniu entuzjazmu mogą być również kompleksy. Dotyczą one nie tylko wyglądu, lecz także własnych możliwości. Przekonania o braku umiejętności logicznego myślenia czy braku zdolności, o tym, że inni są lepsi w wielu dziedzinach, skutecznie blokują entuzjastyczne nastawienie do realizowania planów. Niekiedy wychodzimy z błędnego założenia, że to, co my potrafimy zrobić, potrafią wszyscy, bo to żadna umiejętność. Jeśli jesteśmy skuteczni w rozmowach z klientami i negocjacjach, to wydaje nam się, że każdy by sobie z tym poradził. Jeśli podpisaliśmy kontrakt na znaczną sumę, to pewnie dlatego, że klient bardzo potrzebował akurat naszego produktu (może nie znał produktów konkurencji). Jeśli doskonale remontujemy mieszkania czy zajmujemy się ogrodem, to znaczy, że każdy mógłby to zrobić z takim samym efektem. Myślimy, że wszystkie umiejętności i talenty, których nie mamy, są więcej warte od tego, czym możemy się wykazać. Umacniamy w sobie to przekonanie, mówiąc: „Nie dziękuj, to potrafi każdy", „Ee, to nic takiego", „Jestem taki zwyczajny", „Nie ma we mnie nic ciekawego i godnego uwagi". To smutne, że siebie samych traktujemy w ten sposób. Takie deprecjonowanie własnej osoby przynosi wiele negatywnych skutków, a jednym z istotnych jest pozbawianie się szansy na entuzjazm. Czy możemy być entuzjastyczni, jeśli sądzimy, że brakuje nam talentów i umiejętności, czyli mocnych stron? Czy chętnie zabierzemy się do pracy i będziemy z przyjemnością ją wykonywać, jeśli z góry założymy, że nic dobrego z tego nie wyniknie? To mało prawdopodobne. Gdybyśmy włożyli tyle samo wysiłku w rozwijanie wiary w siebie, ile wkładamy w pozbawianie się wartości, moglibyśmy „góry przenosić". Warto więc nad tym popracować.

Teraz rozważmy kilka sugestii, co można zrobić, żeby ruszyć w dobrym kierunku.

Najpierw poobserwuj siebie przez kilka dni. Postaraj się analizować każdą swoją rozmowę z drugim człowiekiem. Zwróć uwagę, w jaki sposób reagujesz, kiedy ktoś Ci dziękuje albo mówi jakiś komplement. Czy odpowiadasz w sposób, który nie umniejsza Twojej zasługi? Czy cieszysz się z docenienia i miłych słów? Czy potrafisz to okazać? Przyjrzyj się także swojej reakcji, gdy pojawia się coś do wykonania. Poobserwuj, czy wprawia Cię to w popłoch, czy traktujesz nowe zadanie jak początek ciekawej przygody. Wielu ludzi, jeśli proponuje im się coś nowego, z góry rezygnuje, mówiąc, że tego nie potrafią. W ogóle nie biorą oni pod uwagę, że właśnie stracili okazję – być może bezpowrotnie – by się tego nauczyć. Niektórzy uważają za swój plus nawet to, że podejmują się jedynie tego, co już dobrze umieją. Czy to słuszne? Zapewne nie. To droga prowadząca do nudy, stagnacji i przekonania, że życie jest niewiele warte. Jeśli zaobserwujesz u siebie podobne symptomy, zdemaskuj kompleksy i zajmij się ich rozbrojeniem.

Zacznij od zmiany przekonania, że nie wypada doceniać swoich umiejętności. Niektórzy błędnie uważają, że wiara w swoje umiejętności i przyznawanie się do ich posiadania to brak skromności i pokory. Nic bardziej mylnego. Pokora nie wiąże się z tym, jak oceniamy siebie. Jest uczuciem żywionym wobec innych. Brak pokory to niedocenianie ludzi i poczucie, że jesteśmy lepsi od innych, że nasze talenty, cechy, umiejętności, wygląd, pochodzenie czy majątek są więcej warte niż przymioty innych. Człowiek pokorny docenia to, co ma, ale nigdy nie stawia się ponad innymi. Nie porównuje wartości ludzi. Traktuje każdego z takim samym szacunkiem i życzliwością. Zdaje sobie sprawę, że ludzie się wzajemnie uzupełniają i każdy od każdego może się czegoś nauczyć. Nie mów więc o czymś, co dla kogoś zrobiłeś: „To nic takiego, każdy by mógł to zrobić". Lepiej użyj zdania: „Cieszę się, że moje umiejętności mogły Ci się przydać". Postaraj się przestawić myślenie na takie tory. Pomoże Ci w tym afirmowanie.

Różnorodne przeciwności napotykamy w życiu codziennie. Nie należy im się poddawać. Spójrzmy na **Walta Disneya**. Był człowiekiem wielu zawodów: producentem filmowym, reżyserem, przedsiębiorcą, scenarzystą, a także aktorem. Energicznym i emanującym entuzjazmem. Cechy te ujawniły się najmocniej, gdy postanowił koło Anaheim w Kalifornii stworzyć słynny Disneyland, park rozrywki o niespotykanych dotąd rozmiarach. Początkowo nikt nie traktował jego pomysłu poważnie. Do swojej wizji Disney musiał przekonać nie tylko współpracowników, lecz także urzędników i bankierów, którzy nie chcieli finansować ryzykownego przedsięwzięcia. Był jednak entuzjastyczny i konsekwentny. To przyniosło efekty. Stworzył miejsce, w którym wszyscy, mali i duzi, czują się szczęśliwi. Mali, bo znaleźli się w swoim wymarzonym świecie, a duzi, bo mogą wrócić do beztroskich lat dzieciństwa. Disneyland (teraz to już sieć parków na całym świecie) jest miejscem, w którym znikają podziały wiekowe, rasowe, światopoglądowe, a nawet językowe. Sam byłem świadkiem, jak ludzie z różnych stron naszego globu posługujący się odmiennymi językami porozumiewali się ze sobą bez najmniejszego problemu, ponieważ tam wszyscy mówią jednym językiem: językiem radości, dziecięcej fantazji i miłości. Dla wszystkich czas się zatrzymuje. Warto zobaczyć dorosłych w górskiej kolejce, w krainie lalek czy labiryncie Alicji z Krainy Czarów! Błyszczące oczy, otwarte w śmiechu lub zachwycie usta. Tylko entuzjasta mógł wymyślić coś, co zarażałoby radością miliony osób z całego świata.

Pamiętaj, że przeszkody w odczuwaniu entuzjazmu będą miały tylko taką rangę, jaką sam im nadasz. Traktuj je jak zjawisko naturalne, z którym należy się pogodzić. Nie lekceważ ich, ale też nie przypisuj im jakiegoś większego znaczenia. Nie pozwól, by wpływały na Twoje poczucie własnej wartości. Miej świadomość ich istnienia i pokonuj śmiało jedną po drugiej. Nie zapominaj o tym, że każda przekroczona bariera nasila entuzjazm i jednocześnie wzmacnia pozostałe cechy kluczowe, przede wszystkim wiarę w siebie, wytrwałość i odwagę.

Rozdział 6

Jak utrzymać entuzjazm?

Zwracałem uwagę na to, że entuzjazm jest związany z konkretnymi działaniami, projektami i sytuacjami. Nie można go odczuwać w oderwaniu od nich ani stale. Nie wystarczy, że nauczymy się wywoływać w sobie entuzjazm, a następnie przyjmiemy do wiadomości, że trudności są nieodłączną częścią życia i trzeba je po prostu pokonywać. Entuzjazm podlega silnym wahaniom i może szybko osłabnąć. Dzieje się tak nie tylko wtedy, gdy nasze odczucie to słomiany zapał, którego nie da się przełożyć na sensowne działanie. Na początku trzeba uczciwie ocenić, czy to, czym zamierzamy się zająć (lub już się zajęliśmy), rzeczywiście ma dla nas tak duże znaczenie albo czy z jakichś powodów jest konieczne do wykonania. Jeśli okaże się, że tak nie jest, to nie ma sensu ciągnąć na siłę projektu, który i tak nie ma szans powodzenia. Być może nawet nie jest nikomu potrzebny.

Niepodsycany entuzjazm potrafi jednak osłabnąć niemal do zera także wtedy, gdy cel, który nakreśliliśmy, jest ambitny, a korzyści z jego realizacji widoczne i oczywiste. To naturalny proces, który zresztą – jak wkrótce dowiodę – może być naszym sprzymierzeńcem.

W przypadku entuzjazmu po krótkim okresie oczarowania pomysłem i szalonej chęci realizowania go przychodzi zniechęcenie. Jeśli pomysł jest wart kontynuacji, można je pokonać, tak jak każdą inną trudność. Pisałem, że naturalna utrata entuzjazmu na wstępnym etapie realizacji projektu ma swoje zalety. Do głosu dochodzi wtedy istotna cecha kluczowa, która często zostaje przytłumiona pierwszym wybuchem entuzjazmu. Jest to realizm. Chwilowa utrata entuzjazmu lub zmniejszenie się jego mocy pozwala tej cesze włączyć się w projektowanie działań, ocenić to, co już zostało zrobione, i nakreślić dalsze etapy pracy.

Realizm pozwoli nam między innymi podzielić drogę do celu na etapy. Każdy z nich powinien być zakończony małym celem, czyli małym sukcesem, który zwiększy motywację i odbuduje entuzjazm. Entuzjazm stanie się wówczas mniej zależny od chwilowych trudności. Będzie prawdopodobnie nieco mniejszy niż początkowy, ale bardziej stabilny, mniej narażony na chwilowe wahania.

Ważna jest także nieustanna świadomość celu. Jeśli chcesz trafić lotką w najmniejsze środkowe koło, musisz się w nie wpatrywać. Gdy chociaż na chwilę odwrócisz wzrok, możesz chybić. Dotyczy to także wszelkich naszych pomysłów. Skupiaj się na celu. Myśl o nim. Stosuj omówioną już metodę wizualizacji wraz z wyobrażeniem sobie wspaniałego uczucia, jakie towarzyszy osiągnięciu celu. Ze świadomością celu wiąże się konsekwencja. Bez niej na nic się zdadzą najbardziej rozbudowane wyobrażenia, pięknie rozpisany plan i kolejne inspiracje. Nie oglądaj się, nie szukaj pretekstów do przerw, tylko idź, pokonuj kolejne etapy. Każde działanie przybliży Cię do osiągnięcia celu.

Werner Herzog już w wieku 12 lat postanowił, że zostanie reżyserem, a w jego filmach będzie występował znany aktor mieszkający po sąsiedzku. Jako dziecko Herzog był bardzo nieśmiały. Nie chciał nawet występować przed klasą. Żeby zdobyć wymarzony zawód, najpierw zaczął czytać encyklopedię kina. Zrozumiał jednak, że reżyserowi najbardziej potrzebna jest kamera. Zdobył ją. Potem pracował w hucie jako robotnik, by zgromadzić fundusze na pierwsze obrazy filmowe. Miał niewiele ponad 20 lat, kiedy założył własną firmę produkującą filmy. To były kolejne kroki przybliżające go do celu. Wiele jego filmów fabularnych i dokumentalnych przyniosło mu uznanie krytyki i pieniądze. Tak dużo może zdziałać entuzjazm w połączeniu z konsekwencją. Jeśli sprawisz, by ta para stała się nierozłączna, wcześniej czy później zdobędziesz to, czego chcesz.

☼

Rozdział 7

Entuzjazm w kierowaniu zespołem

Od początku swojej drogi biznesowej, czyli od 1989 roku, intuicyjnie staram się zarażać ludzi entuzjazmem, zwłaszcza pracowników i partnerów biznesowych. Jak się to przejawia? Tak kieruję zespołem, żeby każdy jego członek był przekonany o swojej wartości dla firmy i o wartości produktu, którego jest współtwórcą. Najpierw wnikliwie analizuję usługę lub produkt, który zamierzamy wypuścić na rynek. Zachęcam też do tego innych. Chcę, żebyśmy wszyscy go sprawdzili i by każdy z nas mógł osobiście się przekonać, że to, co oferujemy, jest rzeczywiście dobre. Przywiązuję do tego wielką wagę. Wysyłam pracowników na odpowiednie szkolenia, by doskonalili swoje metody pracy. Dbam o autonomię każdego z nich, ponieważ uważam, że ludzie działają najskuteczniej bez zbędnego nadzoru. Darzę osoby w swoim otoczeniu dużym zaufaniem.

Sądzę, że uczciwość jest efektem wiary w ludzi. Staram się, by to, co sam osiągam, było dla moich pracowników dowodem, że śmiałe plany realizowane punkt po punkcie z wytrwałością i entuzjazmem przynoszą sukces!

Każdy kierujący grupą powinien pamiętać o tym, że entuzjazm jest jednym z najważniejszych warunków powodzenia firmy. Przedsiębiorstwa, które nie potrafią wywołać entuzjazmu w swoich pracownikach, nigdy nie osiągną tyle, ile firmy, które tego dokonają.

☼

Refleksje końcowe

Entuzjazm jest warunkiem powodzenia Twoich planów. Jest możliwy do wyuczenia, co oznacza, że każdy z nas może postarać się, by mieć jego wystarczający zasób.

Jeśli podchodzisz do pracy lub jakiegokolwiek innego zadania bez entuzjazmu, zastanów się, czy w ogóle warto to robić. Pozbawiasz się bowiem w ten sposób radości życia, a bez niej trudno o odczuwanie szczęścia, do którego dąży większość z nas.

Jeśli rozwiniesz w sobie entuzjazm, Twoje życie nabierze nowej jakości. Łatwiej przyciągniesz do siebie innych, łatwiej też przekonasz ich do swoich projektów. Z pewnością zyskasz również nowych przyjaciół, bo ludzie cechujący się entuzjazmem otwierają się na świat i wyróżniają empatią, widzą rzeczywistość w barwach różowych, a nie szarych. Zazwyczaj łatwo im przychodzi zarówno dostrzeganie własnych mocnych stron, jak i wskazywanie zalet u innych i chwalenie ich za to. Sami też przyjmują z radością dobre słowa i pochwały. Tworzą wokół siebie atmosferę życzliwości, emanują pozytywną energią, a ona powraca do nich ze zdwojoną siłą. Zyskują w ten sposób wiarę w siebie i pewność działania. Nie utrwalają rutynowych zachowań i nie dają się nabierać na złudne poczucie bezpieczeństwa, które stwarza stabilizacja. Z odwagą wyznaczają kolejne cele, licząc się z przeciwnościami, bo są gotowi na ich pokonywanie.

Entuzjazm zwiększa kreatywność, pozwala pełniej rozwinąć i wykorzystać osobisty potencjał. Generuje osiągnięcia w różnych sferach życia, co dobrze wpływa na zdrowie fizyczne i psychiczne człowieka. Wyniki wielu badań naukowych dowiodły, że człowiek radosny, pozytywnie nastawiony do świata oraz przekonany, że może mieć życie szczęśliwe i satysfakcjonujące, mniej choruje, a jeśli to się zdarzy, szybciej wraca do zdrowia. Jest też mniej podatny na negatywne skutki stresu.

O zaletach entuzjazmu świadczą dokonania wielu ludzi. Entuzjastycznie podszedł do projektowania katedry we **Florencji Filippo Brunelleschi**. Entuzjazm prowadził poszukującego nieznanych lądów **Krzysztofa Kolumba**. Nazwiska można mnożyć: **William Gilbert** – badacz magnetyzmu, **Samuel Morse** – wynalazca alfabetu sygnałowego, **Florence Nightingale** – kobieta, która zrewolucjonizowała opiekę nad chorymi itp. Wszystkie te osoby dopięły swego dzięki zapałowi, który towarzyszył ich działaniom.

Z entuzjazmem można pracować nad nowym wynalazkiem, dokonywać odkryć, prowadzić badania naukowe. Entuzjastycznie można też oferować swoje usługi i towary, a nawet robić kolację i bawić się z dziećmi. Okazuj więc entuzjazm zarówno podczas realizowania ważnych życiowych celów, jak i wykonywania codziennych czynności.

Mocy entuzjazmu nie sposób przecenić. Uwalnia on pokłady energii, mobilizuje do działania i utwierdza w przekonaniu, że najśmielsze plany można urzeczywistnić. Zacznij więc zachowywać się tak, jakbyś już rozwinął tę cechę. Daj się ponieść fali entuzjazmu. Myśl o czekających Cię zadaniach jak o przygodzie życia. Wybieraj te, na których naprawdę Ci zależy. Naucz się odczuwać radość z własnej aktywności oraz kontaktów z innymi ludźmi. Myśl o sobie z sympatią i każdego dnia uśmiechaj się do tych myśli.

Rozbudzony entuzjazm będzie wspierał Cię w staraniach, by Twoje życie stało się lepsze, ciekawsze i pełniejsze.

Co możesz zapamiętać? ☺

1. Entuzjazm rodzi zapał, gorliwość, energię, determinację, motywację do działania, świadomość życiowego celu i pasję. Entuzjazm powstaje ze zdrowego poczucia własnej wartości i odpowiedzialności za własne życie.
2. Entuzjazm przejawia się w skłonności do odnajdywania we wszystkim pozytywnych aspektów i w wierze w pomyślny rozwój wydarzeń. Cechy te można w sobie obudzić i rozwijać.
3. Stosuj metodę **Williama Jamesa** oraz inne opisane w książce techniki budzenia w sobie entuzjazmu.
4. Bierz przykład z wielkich optymistów i entuzjastów.

Bibliografia

Albright M., Carr C., *Największe błędy menedżerów*, Warszawa 1997.

Allen B.D., Allen W.D., *Formuła 2+2. Skuteczny coaching*, Warszawa 2006.

Anderson Ch., *Za darmo: przyszłość najbardziej radykalnej z cen*, Kraków 2011.

Anthony R., *Pełna wiara w siebie*, Warszawa 2005.

Ariely D., *Zalety irracjonalności. Korzyści z postępowania wbrew logice w domu i pracy*, Wrocław 2010.

Bates W.H., *Naturalne leczenie wzroku bez okularów*, Katowice 2011.

Bettger F., *Jak umiejętnie sprzedawać i zwielokrotnić dochody*, Warszawa 1995.

Blanchard K., Johnson S., *Jednominutowy menedżer*, Konstancin-Jeziorna 1995.

Blanchard K., O'Connor M., *Zarządzanie poprzez wartości*, Warszawa 1998.

Bogacka A.W., *Zdrowie na talerzu*, Białystok 2008.

Bollier D., *Mierzyć wyżej. Historie 25 firm, które osiąg-

nęły sukces, łącząc skuteczne zarządzanie z realizacją misji społecznych, Warszawa 1999.

Bond W.J., *199 sytuacji, w których tracimy czas, i jak ich uniknąć*, Gdańsk 1995.

Bono E. de, *Dziecko w szkole kreatywnego myślenia*, Gliwice 2010.

Bono E. de, *Sześć kapeluszy myślowych*, Gliwice 2007.

Bono E. de, *Sześć ram myślowych*, Gliwice 2009.

Bono E. de, *Wodna logika. Wypłyń na szerokie wody kreatywności*, Gliwice 2011.

Bossidy L., Charan R., *Realizacja. Zasady wprowadzania planów w życie*, Warszawa 2003.

Branden N., *Sześć filarów poczucia własnej wartości*, Łódź 2010.

Branson R., *Zaryzykuj – zrób to! Lekcje życia*, Warszawa-Wesoła 2012.

Brothers J., Eagan E, *Pamięć doskonała w 10 dni*, Warszawa 2000.

Buckingham M., *To jedno, co powinieneś wiedzieć... o świetnym zarządzaniu, wybitnym przywództwie i trwałym sukcesie osobistym*, Warszawa 2006.

Buckingham M., *Wykorzystaj swoje silne strony. Użyj dźwigni swojego talentu*, Waszawa 2010

Buckingham M., Clifton D.O., *Teraz odkryj swoje silne strony*, Warszawa 2003.

Butler E., Pirie M., *Jak podwyższyć swój iloraz inteligencji?*, Gdańsk 1995.

Buzan T., *Mapy myśli*, Łódź 2008.

Buzan T., *Pamięć na zawołanie*, Łódź 1999.

Buzan T., *Podręcznik szybkiego czytania*, Łódź 2003.

Buzan T., *Potęga umysłu. Jak zyskać sprawność fizyczną i umysłową: związek umysłu i ciała*, Warszawa 2003.

Buzan T., Dottino T., Israel R., *Zwykli ludzie – liderzy. Jak maksymalnie wykorzystać kreatywność pracowników*, Warszawa 2008.

Carnegie D., *I ty możesz być liderem*, Warszawa 1995.

Carnegie D., *Jak przestać się martwić i zacząć żyć*, Warszawa 2011.

Carnegie D., *Jak zdobyć przyjaciół i zjednać sobie ludzi*, Warszawa 2011.

Carnegie D., *Po szczeblach słowa. Jak stać się doskonałym mówcą i rozmówcą*, Warszawa 2009.

Carnegie D., Crom M., Crom J.O., *Szkoła biznesu. O pozyskiwaniu klientów na zawsze*, Waszrszawa 2003

Cialdini R., *Wywieranie wpływu na ludzi*, Gdańsk 1998.

Clegg B., *Przyspieszony kurs rozwoju osobistego*, Warszawa 2002.

Cofer C.N., Appley M.H., *Motywacja: teoria i badania*, Warszawa 1972.

Cohen H., *Wszystko możesz wynegocjować. Jak osiągnąć to, co chcesz*, Warszawa 1997. r Covey S.R., 3. rozwiązanie, Poznań 2012.

Covey S.R., *7 nawyków skutecznego działania*, Poznań 2007.

Covey S.R., *8. nawyk*, Poznań 2006.

Covey S.R., Merrill A.R., Merrill R.R., *Najpierw rzeczy najważniejsze*, Warszawa 2007.

Craig M., *50 najlepszych (i najgorszych) interesów w historii biznesu*, Warszawa 2002.

Csikszentmihalyi M., *Przepływ: psychologia optymalnego doświadczenia*, Wrocław 2005

Davis R.C., Lindsmith B., *Ludzie renesansu: umysły, które ukształtowały erę nowożytną*, Poznań 2012

Davis R.D., Braun E.M., *Dar dysleksji. Dlaczego niektórzy zdolni ludzie nie umieją czytać i jak mogą się nauczyć*, Poznań 2001.

Dearlove D., *Biznes w stylu Richarda Bransona. 10 tajemnic twórcy megamarki*, Gdańsk 2009.

DeVos D., *Podstawy wolności. Wartości decydujące o sukcesie jednostek i społeczeństw*, Konstancin-Jeziorna 1998.

DeVos R.M., Conn Ch.P., *Uwierz! Credo człowieka czynu, współzałożyciela Amway Corporation, hołdującego zasadom, które uczyniły Amerykę wielką*, Warszawa 1994.

Dixit A.K., Nalebuff B.J., *Myślenie strategiczne. Jak zapewnić sobie przewagę w biznesie, polityce i życiu prywatnym*, Gliwice 2009.

Dixit A.K., Nalebuff B.J., *Sztuka strategii. Teoria gier w biznesie i życiu prywatnym*, Warszawa 2009.

Dobson J., *Jak budować poczucie wartości w swoim dziecku*, Lublin 1993.

Doskonalenie strategii (seria *Harvard Bussines Review*), praca zbiorowa, Gliwice 2006.

Dryden G., Vos J., *Rewolucja w uczeniu*, Poznań 2000.

Dyer W.W., *Kieruj swoim życiem*, Warszawa 2012.

Dyer W.W., *Pokochaj siebie*, Warszawa 2008.

Edelman R.C., Hiltabiddle T.R., Manz Ch.C., *Syndrom miłego człowieka*, Gliwice 2010.

Eichelberger W., Forthomme P., Nail F., *Quest. Twoja droga do sukcesu. Nie ma prostych recept na sukces, ale są recepty skuteczne*, Warszawa 2008.

Enkelmann N.B., *Biznes i motywacja*, Łódź 1997.

Eysenck H. i M., *Podpatrywanie umysłu. Dlaczego ludzie zachowują się tak, jak się zachowują?*, Gdańsk 1996.

Ferriss T., *4-godzinny tydzień pracy. Nie bądź płatnym niewolnikiem od 7.00 do 17.00*, Warszawa 2009.

Flexner J.T., Waschington. *Człowiek niezastąpiony*, Warszawa 1990.

Forward S., Frazier D., *Szantaż emocjonalny: jak obronić się przed manipulacją i wykorzystaniem*, Gdańsk 2011.

Frankl V.E., *Człowiek w poszukiwaniu sensu*, Warszawa 2009.

Fraser J.F., *Jak Ameryka pracuje*, Przemyśl 1910.

Freud Z., *Wstęp do psychoanalizy*, Warszawa 1994.

Fromm E., *Mieć czy być*, Poznań 2009.

Fromm E., *Niech się stanie człowiek. Z psychologii etyki*, Warszawa 2005.

Fromm E., *O sztuce miłości*, Poznań 2002.

Fromm E., *O sztuce słuchania. Terapeutyczne aspekty psychoanalizy*, Warszawa 2002.

Fromm E., *Serce człowieka. Jego niezwykła zdolność do dobra i zła*, Warszawa 2000.

Fromm E., *Ucieczka od wolności*, Warszawa 2001.

Fromm E., *Zerwać okowy iluzji*, Poznań 2000.

Galloway D., *Sztuka samodyscypliny*, Warszawa 1997.

Gardner H., *Inteligencje wielorakie – teoria w praktyce*, Poznań 2002.

Gawande A., *Potęga checklisty: jak opanować chaos i zyskać swobodę w działaniu*, Kraków 2012.

Gelb M.J., *Leonardo da Vinci odkodowany*, Poznań 2005.

Gelb M.J., Miller Caldicott S., *Myśleć jak Edison*, Poznań 2010.

Gelb M.J., *Myśleć jak geniusz*, Poznań 2004.

Gelb M.J., *Myśleć jak Leonardo da Vinci*, Poznań 2001.

Giblin L., *Umiejętność postępowania z innymi...*, Kraków 1993.

Girard J., Casemore R., *Pokonać drogę na szczyt*, Warszawa 1996.

Glass L., *Toksyczni ludzie*, Poznań 1998.

Godlewska M., *Jak pokonałam raka*, Białystok 2011.

Godwin M., *Kim jestem? 101 dróg do odkrycia siebie*, Warszawa 2001.

Goleman D., *Inteligencja emocjonalna*, Poznań 2002.

Gordon T., *Wychowywanie bez porażek szefów, liderów, przywódców*, Warszawa 1996.

Gorman T., *Droga do skutecznych działań. Motywacja*, Gliwice 2009.

Gorman T., *Droga do wzrostu zysków. Innowacja*, Gliwice 2009.

Greenberg H., Sweeney P., *Jak odnieść sukces i rozwinąć swój potencjał*, Warszawa 2007.

Habeler P., Steinbach K., *Celem jest szczyt*, Warszawa 2011.

Hamel G., Prahalad C.K., *Przewaga konkurencyjna jutra*, Warszawa 1999.

Hamlin S., *Jak mówić, żeby nas słuchali*, Poznań 2008.

Hill N., *Klucze do sukcesu*, Warszawa 1998.

Hill N., *Magiczna drabina do sukcesu*, Warszawa 2007.

Hill N., *Myśl!... i bogać się. Podręcznik człowieka interesu*, Warszawa 2012.

Hill N., *Początek wielkiej kariery*, Gliwice 2009.

Ingram D.B., Parks J.A., *Etyka dla żółtodziobów, czyli wszystko, co powinieneś wiedzieć o...*, Poznań 2003.

Jagiełło J., Zuziak W. [red.], *Człowiek wobec wartości*, Kraków 2006.

James W., *Pragmatyzm*, Warszawa 2009.

Jamruszkiewicz J., *Kurs szybkiego czytania*, Chorzów 2002.

Johnson S., *Tak czy nie. Jak podejmować dobre decyzje*, Konstancin-Jeziorna 1995.

Jones Ch., *Życie jest fascynujące*, Konstancin-Jeziorna 1993.

Kanter R.M., *Wiara w siebie. Jak zaczynają się i kończą dobre i złe passy*, Warszawa 2006.

Keller H., *Historia mojego życia*, Warszawa 1978.

Kirschner J., *Zwycięstwo bez walki. Strategie przeciw agresji*, Gliwice 2008.

Koch R., *Zasada 80/20. Lepsze efekty mniejszym nakładem sił i środków*, Konstancin--Jeziorna 1998.

Kopmeyer M.R., *Praktyczne metody osiągania sukcesu*, Warszawa 1994.

Ksenofont, *Cyrus Wielki. Sztuka zwyciężania*, Warszawa 2008.

Kuba A., Hausman J., *Dzieje samochodu*, Warszawa 1973.

Kumaniecki K., *Historia kultury starożytnej Grecji i Rzymu*, Warszawa 1964.

Lamont G., *Jak podnieść pewność siebie*, Łódź 2008.

Leigh A., Maynard M., *Lider doskonały*, Poznań 1999.

Littauer F., *Osobowość plus*, Warszawa 2007.

Loreau D., *Sztuka prostoty*, Warszawa 2009.
Lott L., Intner R., Mendenhall B., *Autoterapia dla każdego. Spróbuj w osiem tygodni zmienić swoje życie*, Warszawa 2006.
Maige Ch., Muller J.-L., *Walka z czasem. Atut strategiczny przedsiębiorstwa*, Warszawa 1995.
Mansfield P., *Jak być asertywnym*, Poznań 1994.
Martin R., *Niepokorny umysł. Poznaj klucz do myślenia zintegrowanego*, Gliwice 2009.
Maslow A., *Motywacja i osobowość*, Warszawa 2009.
Matusewicz Cz., *Wprowadzenie do psychologii*, Warszawa 2011.
Maxwell J.C., *21 cech skutecznego lidera*, Warszawa 2012.
Maxwell J.C., *Tworzyć liderów, czyli jak wprowadzać innych na drogę sukcesu*, Konstancin-Jeziorna 1997.
Maxwell J.C., *Wszyscy się komunikują, niewielu potrafi się porozumieć*, Warszawa 2011.
McCormack M.H., *O zarządzaniu*, Warszawa 1998.
McElroy K., *Jak inwestować w nieruchomości. Znajdź ukryte zyski, których większość inwestorów nie dostrzega*, Osielsko 2008.
McGee P., *Pewność siebie. Jak mała zmiana może zrobić wielką różnicę*, Gliwice 2011.
McGrath H., Edwards H., *Trudne osobowości. Jak radzić sobie ze szkodliwymi zachowaniami innych oraz własnymi*, Poznań 2010.

Mellody P., Miller A.W., Miller J.K., *Toksyczna miłość i jak się z niej wyzwolić*, Warszawa 2013.

Melody B., *Koniec współuzależnienia*, Poznań 2002.

Miller M., *Style myślenia*, Poznań 2000.

Mingotaud F., *Sprawny kierownik. Techniki osiągania sukcesów*, Warszawa 1994.

MJ DeMarco, *Fastlane milionera*, Katowice 2012.

Morgenstern J., *Jak być doskonale zorganizowanym*, Warszawa 2000.

Nay W.R., *Związek bez gniewu. Jak przerwać błędne koło kłótni, dąsów i cichych dni*, Warszawa 2011.

Nierenberg G.I., *Ekspert. Czy nim jesteś?*, Warszawa 2001.

Ogger G., *Geniusze i spekulanci, Jak rodził się kapitalizm*, Warszawa 1993.

Osho, *Księga zrozumienia. Własna droga do wolności*, Warszawa 2009.

Parkinson C.N., *Prawo pani Parkinson*, Warszawa 1970.

Peale N.V., *Entuzjazm zmienia wszystko. Jak stać się zwycięzcą*, Warszawa 1996.

Peale N.V., *Możesz, jeśli myślisz, że możesz*, Warszawa 2005.

Peale N.V., *Rozbudź w sobie twórczy potencjał*, Warszawa 1997.

Peale N.V., *Uwierz i zwyciężaj. Jak zaufać swoim myślom i poczuć pewność siebie*, Warszawa 1999.

Pietrasiński Z., *Psychologia sprawnego myślenia*, Warszawa 1959.

Pilikowski J., *Podróż w świat etyki*, Kraków 2010.

Pink D.H., *Drive*, Warszawa 2011.

Pirożyński M., *Kształcenie charakteru*, Poznań 1999.

Pismo Święte Starego i Nowego Testamentu. Biblia Tysiąclecia, Warszawa 2002.

Pismo Święte w Przekładzie Nowego Świata, 1997.

Popielski K., *Psychologia egzystencji. Wartości w życiu*, Lublin 2009.

Poznaj swoją osobowość, Bielsko-Biała 1996.

Przemieniecki J., *Psychologia jednostki. Odkoduj szyfr do swego umysłu*, Warszawa 2008.

Pszczołowski T., *Umiejętność przekonywania i dyskusji*, Gdańsk 1998.

Reiman T., *Potęga perswazyjnej komunikacji*, Gliwice 2011.

Robbins A., *Nasza moc bez granic. Skuteczna metoda osiągania życiowych sukcesów za pomocą NLP*, Konstancin-Jeziorna 2009.

Robbins A., *Obudź w sobie olbrzyma... i miej wpływ na całe swoje życie – od zaraz*, Poznań 2002.

Robbins A., *Olbrzymie kroki*, Warszawa 2001.

Robert M., *Nowe myślenie strategiczne: czyste i proste*, Warszawa 2006.

Robinson J.W., *Imperium wolności. Historia Amway Corporation*, Warszawa 1997.

Rose C., Nicholl M.J., *Ucz się szybciej, na miarę XXI wieku*, Warszawa 2003.

Rose N., *Winston Churchill. Życie pod prąd*, Warszawa 1996.

Rychter W., *Dzieje samochodu*, Warszawa 1962.

Ryżak Z., *Zarządzanie energią kluczem do sukcesu*, Warszawa 2008.

Savater F., *Etyka dla syna*, Warszawa 1996.

Schäfer B., *Droga do finansowej wolności. Pierwszy milion w ciągu siedmiu lat*, Warszawa 2011.

Schäfer B., *Zasady zwycięzców*, Warszawa 2007.

Scherman J.R., *Jak skończyć z odwlekaniem i działać skutecznie*, Warszawa 1995.

Schuller R.H., *Ciężkie czasy przemijają, bądź silny i przetrwaj je*, Warszawa 1996.

Schwalbe B., Schwalbe H., Zander E., *Rozwijanie osobowości. Jak zostać sprzedawcą doskonałym*, tom 2, Warszawa 1994.

Schwartz D.J., *Magia myślenia kategoriami sukcesu*, Konstancin-Jeziorna 1994.

Schwartz D.J., *Magia myślenia na wielką skalę. Jak zaprząc duszę i umysł do wielkich osiągnięć*, Warszawa 2008.

Scott S.K., *Notatnik milionera. Jak zwykli ludzie mogą osiągać niezwykłe sukcesy*, Warszawa 1997.

Sedlak K. [red.], *Jak poszukiwać i zjednywać najlepszych pracowników*, Kraków 1995.

Seiwert L.J., *Jak organizować czas*, Warszawa 1998.

Seligman M.E.P., *Co możesz zmienić, a czego nie możesz*, Poznań 1995.

Seligman M.E.P., *Pełnia życia*, Poznań 2011.

Seneka, *Myśli*, Kraków 1989.

Sewell C., Brown P.B., *Klient na całe życie, czyli jak przypadkowego klienta zmienić w wiernego entuzjastę naszych usług*, Warszawa 1992.

Słownik pisarzy antycznych, Warszawa 1982.

Smith A., *Umysł*, Warszawa 1989.

Spector R., *Amazon.com. Historia przedsiębiorstwa, które stworzyło nowy model biznesu*, Warszawa 2000.

Spence G., *Jak skutecznie przekonywać... wszędzie i każdego dnia*, Poznań 2001.

Sprenger R.K., *Zaufanie # 1*, Warszawa 2011.

Staff L., *Michał Anioł*, Warszawa 1990.

Stone D.C., *Podążaj za swymi marzeniami*, Konstancin-Jeziorna 1998.

Swiet J., *Kolumb*, Warszawa 1979.

Szurawski M., *Pamięć. Trening interaktywny*, Łódź 2004.

Szyszkowska M., *W poszukiwaniu sensu życia*, Warszawa 1997.

Tatarkiewicz W., *O szczęściu*, Warszawa 1979.

Tavris C., Aronson E., *Błądzą wszyscy (ale nie ja)*, Sopot--Warszawa 2008.

Tracy B., *Milionerzy z wyboru. 21 tajemnic sukcesu*, Warszawa 2002.

Tracy B., *Plan lotu. Prawdziwy sekret sukcesu*, Warszawa 2008.

Tracy B., Scheelen F.M., *Osobowość lidera*, Warszawa 2001.

Tracy B., *Sztuka zatrudniania najlepszych. 21 praktycznych i sprawdzonych technik do wykorzystania od zaraz*, Warszawa 2006.

Tracy B., *Turbostrategia. 21 skutecznych sposobów na przekształcenie firmy i szybkie zwiększenie zysków*, Warszawa 2004.

Tracy B., *Zarabiaj więcej i awansuj szybciej. 21 sposobów na przyspieszenie kariery*, Warszawa 2007.

Tracy B., *Zarządzanie czasem*, Warszawa 2008.

Tracy B., *Zjedz tę żabę. 21 metod podnoszenia wydajności w pracy i zwalczania skłonności do zwlekania*, Warszawa 2005.

Twentier J.D., *Sztuka chwalenia ludzi*, Warszawa 1998.

Urban H., *Moc pozytywnych słów*, Warszawa 2012.

Ury W., *Odchodząc od nie. Negocjowanie od konfrontacji do kooperacji*, Warszawa 2000.

Vitale J., Klucz do sekretu. *Przyciągnij do siebie wszystko, czego pragniesz*, Gliwice 2009.

Waitley D., *Być najlepszym*, Warszawa 1998.

Waitley D., *Imperium umysłu*, Konstancin-Jeziorna 1997.

Waitley D., *Podwójne zwycięstwo*, Warszawa 1996.
Waitley D., *Sukces zależy od właściwego momentu*, Warszawa 1997.
Waitley D., Tucker R.B., *Gra o sukces. Jak zwyciężać w twórczej rywalizacji*, Warszawa 1996.
Walton S., Huey J., *Sam Walton. Made in America*, Warszawa 1994.
Waterhouse J., Minors D., Waterhouse M., *Twój zegar biologiczny. Jak żyć z nim w zgodzie*, Warszawa 1993.
Wegscheider-Cruse S., *Poczucie własnej wartości. Jak pokochać siebie*, Gdańsk 2007.
Wilson P., *Idealna równowaga. Jak znaleźć czas i sposób na pełnię życia*, Warszawa 2010.
Ziglar Z., *Do zobaczenia na szczycie*, Warszawa 1995.
Ziglar Z., *Droga na szczyt*, Konstancin-Jeziorna 1995.
Ziglar Z., *Ponad szczytem*, Warszawa 1995.

O autorze

Andrzej Moszczyński od 30 lat aktywnie zajmuje się działalnością biznesową. Jego główną kompetencją jest tworzenie skutecznych strategii dla konkretnych obszarów biznesu.

W latach 90. zdobywał doświadczenie w branży reklamowej – był prezesem i założycielem dwóch spółek z o.o. Zatrudniał w nich ponad 40 osób. Spółki te były liderami w swoich branżach, głównie w reklamie zewnętrznej – tranzytowej (reklamy na tramwajach, autobusach i samochodach). W 2001 r. przejęciem pakietów kontrolnych w tych spółkach zainteresowały się dwie firmy: amerykańska spółka giełdowa działająca w ponad 30 krajach, skupiająca się na reklamie radiowej i reklamie zewnętrznej oraz największy w Europie fundusz inwestycyjny. W 2003 r. Andrzej sprzedał udziały w tych spółkach inwestorom strategicznym.

W latach 2005-2015 był prezesem i założycielem spółki, która zajmowała się kompleksową komercjalizacją liderów rynku deweloperskiego (firma w sumie sprzedała ponad 1000 mieszkań oraz 350 apartamentów hotelowych w systemie condo).

W latach 2009-2018 był akcjonariuszem strategicznym oraz przewodniczącym rady nadzorczej fabryki urządzeń okrętowych Expom SA. Spółka ta zasięgiem działania obejmuje cały świat, dostarczając urządzenia (w tym dźwigi i żurawie) dla branży morskiej. W 2018 r. sprzedał pakiet swoich akcji inwestorowi branżowemu.

W 2014 r. utworzył w USA spółkę LLC, która działa w branży wydawniczej. W ciągu 14 lat (poczynając od 2005 r.) napisał w sumie 22 kieszonkowe poradniki z dziedziny rozwoju kompetencji miękkich – obszaru, który ma między innymi znaczenie strategiczne dla budowania wartości niematerialnych i prawnych przedsiębiorstw. Poradniki napisane przez Andrzeja koncentrują się na przekazaniu wiedzy o wartościach i rozwoju osobowości – czynnikach odpowiedzialnych za prowadzenie dobrego życia, bycie spełnionym i szczęśliwym.

Andrzej zdobywał wiedzę z dziedziny budowania wartości firm oraz tworzenia skutecznych strategii przy udziale następujących instytucji: Ernst & Young, Gallup Institute, PricewaterhauseCoopers (PwC) oraz Harward Business Review. Jego kompetencje można przyrównać do pracy **stroiciela instrumentu.**

Kiedy miał 7 lat, mama zabrała go do szkoły muzycznej, aby sprawdzić, czy ma talent. Przeszedł test pozytywnie – okazało się, że może rozpocząć edukację muzyczną. Z różnych powodów to nie nastąpiło. Często jednak w jego książkach czy wykładach można usłyszeć bądź przeczytać przykłady związane ze światem muzyki.

Dlaczego można przyrównać jego kompetencje do pracy stroiciela na przykład fortepianu? Stroiciel udoskonala fortepian, aby jego dźwięk był idealny. Każdy fortepian ma swój określony potencjał mierzony jakością dźwięku – dźwięku, który urzeka i wprowadza ludzi w stan relaksu, a może nawet pozytywnego ukojenia. Podobnie jak stroiciel Andrzej udoskonala różne procesy – szczególnie te, które dotyczą relacji z innymi ludźmi. Wierzy, że ludzie posiadają mechanizm psychologiczny, który można symbolicznie przyrównać do **mentalnego żyroskopu** czy **mentalnego noktowizora**. Rola Andrzeja polega na naprawieniu bądź wprowadzeniu w ruch tych „urządzeń".

Żyroskop jest urządzeniem, które niezależnie od komplikacji pokazuje określony kierunek. Tego typu urządzenie wykorzystywane jest na statkach i w samolotach. Andrzej jest przekonany, że rozwijanie **koncentracji i wyobraźni** prowadzi do włączenia naszego mentalnego żyroskopu. Dzięki temu możemy między innymi znajdować skuteczne rozwiązania skomplikowanych wyzwań.

Noktowizor to wyjątkowe urządzenie, które umożliwia widzenie w ciemności. Jest wykorzystywane przez wojsko, służby wywiadowcze czy myśliwych. Życie Andrzeja ukierunkowane jest na badanie tematu źródeł wewnętrznej motywacji – siły skłaniającej do działania, do przejawiania inicjatywy, do podejmowania wyzwań, do wchodzenia w obszary zupełnie nieznane. Andrzej ma przekonanie, że rozwijanie **poczucia własnej wartości** prowadzi do włączenia naszego mentalnego noktowizora. Bez optymalnego poczucia własnej wartości życie jest ciężarem.

W swojej pracy Andrzej koncentruje się na procesach podnoszących jakość następujących obszarów: właściwe interpretowanie zdarzeń, wyciąganie wniosków z analizy porażek oraz sukcesów, formułowanie właściwych pytań, a także korzystanie z wyobraźni w taki sposób, aby przewidywać swoją przyszłość, co łączy się bezpośrednio z umiejętnością strategicznego myślenia. Umiejętności te pomagają rozumieć mechanizmy wywierania wpływu przez inne osoby i umożliwiają niepoddawanie się wszechobecnej indoktrynacji. Kiedy mentalny noktowizor działa poprawnie, przekazuje w odpowiednim czasie sygnały ostrzegające, że ktoś posługuje się manipulacją, aby osiągnąć swoje cele.

Andrzej posiada również doświadczenie jako prelegent, co związane jest z jego zaangażowaniem w działania społeczne. W ostatnich 30 latach był zapraszany do udziału w różnych szkoleniach i seminariach, zgromadzeniach czy kongresach – w sumie jako mówca wystąpił ponad 700 razy. Jego przemówienia i wykłady znane są z inspirujących przykładów i zachęcających pytań, które mobilizują słuchaczy do działania.

Opinie o książce

Małe dziecko przychodzi na świat bez instrukcji obsługi, o czym boleśnie przekonują się kolejne pokolenia młodych rodziców. A jednak mimo tej pozornej przeszkody ludzkość była i jest w stanie poradzić sobie z tym wyzwaniem. Jak? Młodzi rodzice szybko uczą się – głównie metodą prób i błędów – jak zaspokajać potrzeby swojego dziecka. Rodzicielstwo to ciekawa mieszanka zaufania do własnej intuicji, pomocy bliskich i odwołania do wiedzy ekspertów. To nie stały zestaw umiejętności, które ujawniają się w chwili narodzin dziecka, lecz raczej proces nabywania nowych umiejętności dostosowanych do potrzeb i rozwoju własnych pociech.

Nie inaczej jest w przypadku rozpoznania swoich talentów i wykorzystania ich w codziennym życiu. Nie są to zdolności, jakie nabywa się po przeczytaniu jednej książki lub uczestniczeniu w weekendowych warsztatach, lecz raczej droga, na którą się wchodzi świadomie i którą podąża przez resztę życia. Wybierając się w podróż, zwykle pakujemy ze sobą przewodnik i mapę, dlatego też podczas podróży do własnego wnętrza także warto sięgnąć po jakiś przewodnik. Seria książek autorstwa Andrzeja Moszczyńskiego jest właśnie takim przewodnikiem, zawierającym cenne podpowiedzi oraz techniki odkrywania i wykorzystywania swoich talentów. Autor nie stawia się w pozycji eksperta wiedzącego lepiej, co jest dla nas dobre, lecz raczej doradcy odwołującego się szeroko do filozofii, literatury, współczesnych technik doskonalenia osobowości i własnych doświadczeń. Zdecydowanymi mocnymi stronami tej serii są przykłady z życia ilustrujące prezentowane zagadnienia oraz bogata bibliografia służąca jako punkt do dalszych poszukiwań dla wszystkich zainteresowanych doskonaleniem osobowości. Uważam, że seria ta będzie pomocna dla każdego zainteresowanego świadomym życiem i rozwojem osobistym.

Ania Bogacka
Editorial Consultant and Life Coach

* * *

Na rynku książek wybór poradników jest ogromny, ale wśród tego ogromu istnieją jasne punkty, w oparciu o które można kierować swoim życiem tak, by osiągnąć spełnienie. Samorealizacja jest osiągana poprzez mądrość i świadomość. To samo sprawia, że książki Andrzeja Moszczyńskiego są tak użyteczne i podnoszące na duchu. Dzielenie się mądrością w formie przykładów wielu historycznych postaci oświetla drogę w tej kluczowej podróży. Każda z książek Andrzeja jest kompletna sama w sobie, jednak wszystkie razem stanowią zestaw narzędzi, przy pomocy których każdy z nas może ulepszyć umysł i serce, aby ostatecznie przyjąć proaktywną i współczującą postawę wobec życia. Jako osoba, która badała i edytowała wiele tekstów z filozofii i duchowości, mogę z entuzjazmem polecić tę książkę.

Lawrence E. Payne

Dodatek

Cytaty, które pomagały autorowi napisać tę książkę

Na temat rozwoju

Przeznaczeniem człowieka jest jego charakter.

Heraklit z Efezu

Osobowość kształtuje się nie poprzez piękne słowa, lecz pracą i własnym wysiłkiem.

Albert Einstein

Na temat nastawienia do życia

Jeśli jesteś nieszczęśliwy, to dlatego, że cały czas myślisz raczej o tym, czego nie masz, zamiast koncentrować się na tym, co masz w danej chwili.

Anthony de Mello

W końcu, bracia, wszystko, co jest prawdziwe, co godne, co sprawiedliwe, co czyste, co miłe, co zasługuje na uznanie: jeśli jest jakąś cnotą i czynem chwalebnym – to miejcie na myśli.

List do Filipian 4:8

Na temat szczęścia

Ludzie są na tyle szczęśliwi, na ile sobie pozwolą nimi być.

Abraham Lincoln

Więcej szczęścia jest w dawaniu aniżeli w braniu.

Dz 20:35

Na temat poczucia własnej wartości

Bez Twojego pozwolenia nikt nie może sprawić, że poczujesz się gorszy.

Eleanor Roosevelt

Na temat możliwości człowieka

Nie ma rzeczy niemożliwych, są tylko te trudniejsze do wykonania.

Henry Ford

Gdybyśmy robili wszystkie rzeczy, które jesteśmy w stanie zrobić, wprawilibyśmy się w ogromne zdumienie.

Thomas Edison

Na temat poznawania siebie

Najpierw sami tworzymy własne nawyki, potem nawyki tworzą nas.

John Dryden

Na temat wiary w siebie

Człowiek, który zyska i zachowa władzę nad sobą, dokona rzeczy największych i najtrudniejszych.

Johann Wolfgang von Goethe

Ludzie potrafią, gdy sądzą, że potrafią.

Wergiliusz

Na temat wnikliwości

Prawdę należy mówić tylko temu, kto chce jej słuchać.

Seneka Starszy

Język mądrych jest lekarstwem.

Księga Przysłów 12:18

Na temat wytrwałości

Nic na świecie nie zastąpi wytrwałości. Nie zastąpi jej talent – nie ma nic powszechniejszego niż ludzie utalentowani, którzy nie odnoszą sukcesów. Nie uczyni niczego sam geniusz – nienagradzany geniusz to już prawie przysłowie. Nie uczyni niczego też samo wykształcenie – świat jest pełen ludzi wykształconych, o których zapomniano. Tylko wytrwałość i determinacja są wszechmocne.

John Calvin Coolidge

Możemy zrealizować każde zamierzenie, jeśli potrafimy trwać w nim wystarczająco długo.

Helen Keller

Tak samo, jak pojedynczy krok nie tworzy ścieżki na ziemi, tak pojedyncza myśl nie stworzy ścieżki w Twoim umyśle. Prawdziwa ścieżka powstaje, gdy chodzimy po niej wielokrotnie. Aby stworzyć głęboką ścieżkę mentalną, potrzebne jest wielokrotne powtarzanie myśli, które mają zdominować nasze życie.

Napoleon Bonaparte

Na temat entuzjazmu

Tylko przykład jest zaraźliwy.

Lope de Vega

Na temat odwagi

Życie albo jest śmiałą przygodą, albo nie jest życiem. Nie lękać się zmian, a w obliczu kapryśności losu zachowywać hart ducha – oto siła nie do pokonania.

Helen Keller

Silny jest ten, kto potrafi przezwyciężyć swe szkodliwe przyzwyczajenia.

Benjamin Franklin

Życie jest przygodą dla odważnych albo niczym.

Helen Keller

Na temat realizmu

Kto z was, chcąc zbudować wieżę, nie usiądzie wpierw i nie obliczy wydatków, czy ma na jej wykończenie.

Ew. Łukasza 14:28

Pesymista szuka przeciwności w każdej okazji, optymista widzi okazje w każdej przeciwności.

Winston Churchill

Dajcie mi odpowiednio długą dźwignię i wystarczająco mocną podporę, a sam poruszę cały glob.

Archimedes

OFERTA WYDAWNICZA
Andrew Moszczynski Group sp. z o.o.

www.ingramcontent.com/pod-product-compliance
Lightning Source LLC
LaVergne TN
LVHW040105080526
838202LV00045B/3789